KB265655

부자들의 생각을 훔쳐라

부자들의 생각을 훔쳐라

부자들의 생각을 훔쳐라

그랜빌 투굿 지음 | 김한영 옮김

YANG 아문 MOON

THE CREATIVE EXECUTIVE
by
Granville N. Toogood

나는 지금도 역경을 딛고 성공한 위대한 인물들의
이야기를 즐겨 읽는다. 그들의 삶과 생각에는 무언가
특별한 것이 있기 때문이다. 공통적인 것은 그들 모두 창의적인 생각,
놀라운 직관력, 열정적인 실천력으로 일을 즐겼다는 것이다.
결국 그들은 부와 명예, 그리고 새로운 세계를 창조했다.

스티브 잡스, 애플컴퓨터 CEO

차 례

'혹시 나의 시계는 멈춰버린 것이 아닐까?'

우리들 모두는 스스로에게 이와 같은 질문을 던져볼 필요가 있다. 때로 우리는 우리의 시계가 멈춰버렸다는 사실을 인식하지 못한 채 살아가고 있다. 당신은 눈만 뜨고 있을 뿐 어느 모로 보더라도 죽은 것이나 다름없는 사람을 본 적이 있을 것이다. 이런 사람들은 대부분 두 눈에서 생기가 모두 사라져버린 채 그저 기계적으로 순간순간 주어진 행동만을 반복하며 산다. 어쩌면 이 책을 읽고 있는 독자 여러분들도 예기치 않게 닥친 절망적인 순간으로 인해 잠시나마 그런 상태에 빠져들었던 적이 있을 것이다.

최초의 열정적인 환희의 순간을 기억하라

대부분의 사람들은 자신이 최초로 느꼈던 열정적이고 환희에 가득 찬 순간을 기억하지 못한다. 내게 있어 때묻지 않은 순수함과 생생한 열정을 처음으로 경험했던 시기는 언제였을까? 그 시기는 장난감이나 예쁜 인형을 처음 보고 가슴 설레던 때보다도 훨씬 더 이전이다. 생애 처음으로 느꼈던 그때의 순수한 열정은 태양이 바다 위로 솟구치는 극적인 순간과 같은 강렬한 경험에 비유할 수 있을 것이다.

또한 그 순수의 열정은 오묘한 진리를 깨우치는 순간에 맛보게 되는 지고의 환희와도 같은 것이어서 어린아이나 시인뿐만 아니라 순수함을 간직하고 있는 모든 사람들의 가슴에 깊은 인상을 남기게 된다.

이러한 열정이 바로 '발견'을 가능하게 한다. 그리고 발견을 하게 되었을 때 맛보는 강력한 충격과 흥분 같은 감정이야말로 창조성을 꽃피우는 뿌리가 된다. 때로 우리는 새로운 무엇을 발견함으로써 스스로 고양되고 위대해졌다는 느낌을 받는다. 그러므로 한평생 무언가를 발견할 수 있는 축복을 누리는 사람은 진정한 행운아라고 부를 수 있을 것이다. 그들은 생명이 다하는 날까지 새로운 것들을 발견하면서 매번 마법과도 같은 황홀한 순간을 경험하며 살기 때문이다.

사람은 누구든지 창조성을 갖고 태어난다. 어떤 사람이더라도 자신만의 고유한 영역에서는 뛰어난 예술가라고 할 수 있다. 우리 모두에게는 무언가를 만들어내고자 하는 욕구가 있다. 그래서 디자인을 하고, 만들었다가 뜯어고치고, 다른 모양으로 바꾸기도 하면서 새롭게 변형시키려 애를 쓴다. 이 모든 욕구가 실은 타고난 본성 때문에 생기는 것이다.

　　그런 의미에서 타일랜드에서 사업을 하고 있는 기업가나 산타페에서 조각품을 만들고 있는 조각가는 모두 같은 바탕에서 시작한 것이다. 엔진 한 귀퉁이에 자신의 이니셜을 새겨 넣는 별난 취미를 가진 포드 공장의 엔지니어나, 소호에서 네온 사인 튜브 위에 자신의 이름을 새기고 있는 네온 조각가나 다르지 않다는 것이다. 다시 말해 월 스트리트의 어느 사무실 컴퓨터 앞에 앉아 사이버 공간에 최신 유머를 올리고 있는 젊은 투자자나 브로드웨이의 무대 위에서 관객의 배꼽을 잡는 코미디 배우는 모두가 타고난 자신의 창조성을 구현하는 사람들이다.

창조성은 부와 성공의 열쇠이다

그러나 대부분의 사람들은 자신의 창조적 능력을 인식하지 못한 채 살아가고 있다. 그것은 밤낮 없이 불빛이 휘황찬란한 라스베이거스로 눈을 돌리면 쉽게 확인할 수 있다. 라스베이거스라는 환락의 도시가 세워진 이유는 단 한 가지다. 스스로 즐거움을 창출하지 못해 쉽게 지루함을 느끼고 병적인 무력함에 빠져버린 사람들에게 쾌락을 제공하고, 그 대가로 금전적 이윤을 취하겠다는 목적에서였다. 매년 이 거대한 환락의 메카에 입성하는 수백만 명의 사람들은 자신을 지상에서 가장 완벽한 존재로 만들어줄 창조의 권리를 포기한 채 쾌락의 길을 택하고 있다.

　　사실 라스베이거스는 갖가지 매력이 넘쳐나는 도시이다. 그곳에서는 눈부신 햇살을 느낄 수 있고, 상쾌한 사막의 공기를 맡을 수 있으며, 세계적으로 이름난 멋진 경치를 감상할 수도 있다. 그런데도 라스베이거스의 카지노는 다음 두 가지 부정적인 사실을 극명하게 드러내고 있다.

첫째, 그곳에서는 수백만 명의 사람들이 자신도 모르는 사이에 상실해버린 자기 안의 창조성을 대체하기 위해 외부 세계에서 오는 자극적이고 일시적인 쾌락을 탐닉하고 있다.

둘째, 그들은 인생에서 창조적이고 유용한 길을 찾기 위해 아껴야 할 소중한 시간을 공허하기 그지없는 오락에 쏟아붓고 있다.

DNA가 진화에 중요한 요소이듯이 창조성은 사업을 하는 데 필수적인 요소이다. 그러나 우리는 종종 그 사실을 인식하지 못하고 성공이라는 목표를 향해 맹목적으로 질주한다. 무언가를 창조하지 않는다면 인생에서 나아지는 것은 아무것도 없을 것이다. 무언가를 창조하지 않는다면 일을 할 때 아무런 즐거움도 느낄 수 없을 것이다. 무언가를 창조하지 않는다면 절대로 새로운 것을 갖지 못할 것이다. 그러므로 인생살이에서 혹은 일터에서 창조성을 억압당하기보다는 차라리 눈을 가리고 포커 게임을 하는 편이 나을지도 모른다.

하지만 사람들은 일상생활에서 창조성과 관련된 문제와 직면하게 되면 대부분 그것을 무시해버리려는 습성이 있다. 기업을 경영하는 사람치고 창조성이 회사에 얼마나 막대한 기여를 하는지 모르는 사람은 없을 것이다. 그러나 사람의 심리적 습관은 우리가 생각하는 것보다 훨씬 보수적이어서 보통사람들 대부분은 창조적인 것보다 평범한 것을 선호하는 경향이 있다.

사람들은 모험과 도전을 소리 높여 외치지만 실생활에서는 너무나 쉽게 그 가치를 무시해버린다. 개인적인 노력과 리더십을 찬양하면서도 현실에서는 언제나 위원회나 조직의 결정에 의존하며, 혁신을 부르짖으면서도 선택을 해야 할 상황이 오면 확인되고 검증된 것만을 선호한다.

기업에서는 연구와 개발의 필요성을 너무나 잘 인식하고 있다. 하지만 막상 예산을 결정할 때 가장 먼저 삭감 대상으로 거론되는 것이 연구개발비이다. 그런 상황에서도 최고 경영자에게는 매년 수백만 달러씩 상여금이 지급된다. 3년 후 계약이 끝난 경영자가 수천만 달러짜리 황금 낙하산을 메고 붕괴 일보 직전인 기업을 탈출할 때가 되어서야 비로소 예산 결정에 참여했던 사람들은 그가 연구개발비 감축에 반대했던 사실을 기억해낼 것이다.

아이들은 실패를 두려워하지 않는다

실패를 두려워한다면 창조성은 결코 꽃을 피우지도 열매를 맺지도 못할 것이다. 창조성이 인생에서 어떤 막대한 영향을 미치는지를 충분히 이해하기 위해서는 시간을 과거로 되돌려볼 필요가 있다. 우리는 어린아이들에게서 모험과 실패를 두려워하지 않는 용감한 마음을 배워야 한다. 바닷가에서 모래성을 쌓으며 노는 아이들을 보자.

아이들은 자신이 만든 성 모양이 마음에 들지 않으면 하루에도 수십 번 다시 쌓아올린다. 나무 위에 집을 짓겠다고 마음먹으면 나뭇가지가 부러질지 모르는 위험에도 아랑곳하지 않고 자기 마음에 드는 집을 완성할 때까지 나무 위에 오르고 또 오른다. 말 그림을 그리겠다고 마음먹으면 자신이 그린 그림이 자기 눈에 말

처럼 보일 때까지 수십 장의 도화지를 구겨버리고 다시 색칠을
한다.

사실 단순함이 가진 힘은 놀라운 것이다. 나는 열 살 때 친구
들과 자동차 만들기를 시도한 적이 있다. 누구도 아이들 힘으로
자동차를 만드는 것은 불가능한 일이라고 말해주지 않았다. 그래
서 우리 중 누구도 그 일을 중도에 포기하려고 하지 않았다. 우리
는 실제로 엔진을 제외하고 모든 것을 갖춘 그럴듯한 이인승 나무
자동차를 만들어냈다.

어릴 적 내 배꼽친구들은 아무 생각 없이 헛간 다락에서 5미
터 아래 쌓인 건초더미로 다이빙을 하듯 뛰어내리곤 했다. 우리는
단 한번도 건초더미 속에 포크나 깨진 유리조각 같은 위험한 물건
이 숨어 있을 것이라고 의심하지 않았다. 이제는 부모가 된 사람
들도 한때는 두려움과 걱정이 없는 어린 시절을 보냈을 것이다.
하지만 지금 와서는 당시 자신들이 매일 경험했던 모험과 위험들
을 생각하며 자식 걱정에 몸서리를 친다. 그래서 자신의 자녀들에
게 어떤 일이 닥칠지 상상하면서 지레 겁부터 먹게 되는 것이다.

정도의 차이야 있겠지만 사람이라면 누구나 겁을 먹을 때가
있다. 그러나 역사 속의 위대한 지도자와 개혁가들이 안전한 길만
을 선택했다고 상상해보자. 그랬다면 아마도 인류는 아직까지 칠
흑 같은 어둠의 시대에서 벗어나지 못했을 것이다.

역사에 이름을 남긴 지도자들은 모두 현실에 안주하지 않고
새로운 영토를 개척했으며, 새로운 법을 만들어냈다. 인간이라면
누구나 새로운 길을 개척할 능력을 가지고 있다. 그러나 대부분의
사람들은 실패가 두려워 망설이고 주저하다가 결국에는 모든 것

을 포기하고 만다.

선마이크로시스템즈의 사장인 스코트 맥닐리가 말했듯이 무슨 일인가를 시도할 때 남들의 동의를 구하는 것은 실패를 자초하는 지름길이다. 다른 사람의 찬성과 승인을 구하는 과정에서 핵심을 놓치고 엉뚱한 목표를 향해 질주하는 어처구니없는 결과를 초래할 수 있기 때문이다.

삶은 도전이고 모험이다

어린 시절, 상대방을 기쁘게 해주려고 아무리 노력해도 끝내 상대방의 사랑을 얻지 못했던 아픈 경험을 한 적이 있는가? 이럴 경우 처음에는 심한 좌절감을 맛보겠지만 시간이 지나면 이 또한 성장을 위한 교훈이 되었음을 깨달을 수 있을 것이다.

인간적으로 성숙한 사람들은 정말로 중요한 것이 나 자신의 판단과 실천이라는 사실을 잘 알고 있다. 놀랄 만한 성공을 거두면 주위 사람들로부터 시샘과 부러움을 산다. 계속해서 실패만 하다 보면 주위 사람들에게 경멸을 받기도 한다. 그러나 사실상 주위 사람들 대부분 내가 생각하는 것만큼 나에 대해 별로 심각하게 생각하지 않는다. 그들 역시 자신에 대한 생각에 몰두해 있기 때문이다.

사람은 누구나 자신의 성공 여부를 쉽게 평가할 수 있는 점수 계산법을 원한다. 그러나 도대체 어떤 잣대로 쉽게 성공과 실패 여부를 가늠할 수 있을까? 이 문제를 직시해보자. 누구나 한두 번 혹은 여러 번 성공의 문턱에서 좌절한 경험이 있을 것이다. 그것이 바로 인생이다. 아무런 실수 없이 어떻게 배움과 발전이 가능할 수 있겠는가?

위대한 챔피언들조차 때로는 비틀거린다. 갈색 폭격기라는 이름으로 알려져 있는 권투선수 조 루이스는 "누구든 때론 패배할 수도 있다는 사실을 염두에 두어야 한다"고 말했다. 핵심은 바로 여기에 있다. 우리는 우리 자신이 패배했다는 사실을 용납할 수 있을까? 어렵고 절망적인 시기가 닥쳐오면 우리는 스스로에게 물어보아야 한다.

'이 불행한 현실로부터 내가 배울 수 있는 것은 도대체 무엇일까?'

불행이 가져다주는 가르침이 만족스럽고 유쾌한 것만은 아니다. 그렇다고 그 가르침을 회피하려고만 해서도 안 된다.

때로 우리는 더 이상 헤쳐나갈 수 없을 것 같은 절망과 좌절에 빠지기도 한다. 그러한 상황이 우리를 정서적 불구자로 만들어버리는 것은 자신에 대한 연민과 분노의 감정이다. 스스로를 동정하고 타인의 행운에 대해 시기하는 바로 그 순간, 우리는 자기 자신에 대한 객관성을 잃게 되며, 스스로에 대한 믿음과 신뢰가 사라지게 되고, 자신의 소중함을 망각하게 된다. 실제로 중년에 접어든 사람들 중에는 끊임없는 자기 도피로 스스로를 패배자로 몰아가는 사람이 적지 않다.

우리가 선택한 직업과 삶이 무엇이든 그 길은 어떤 역경이 닥치더라도 결코 포기하지 말아야 할 모험이고 도전인 것이다.

"모든 길의 끝에서는 자기 자신을 만난다."

어느 현자의 말이다. 길의 끝에 서 있는 사람의 마음은 호기심과 창조성, 과감성, 모험에 대한 용기를 가슴에 품은 채 여행의 출발점에 섰던 어린이가 가진 마음과 다르지 않아야 할 것이다. 그 길의 끝에 서 있는 사람 역시 아무런 주저 없이 건초더미로 뛰어들 수 있어야만 할 것이다.

이제 건초더미를 향해 뛰어들어보자. 내면에 잠자고 있던 창조성이 솟구칠 것이다.

당신의 시계는 정말로 멈춰버린 것일까?

1

성공한 부자들의 생각하는 기술

최선을 다해 일할 수 있는 자유 그리고 자신의 일을
다른 사람의 일과 비교하면서 실험할 수 있는 자유를 가진
사람들이 모이면 최고의 성과를 이끌어낼 수 있다.
모든 사람들을 합친 것만큼 똑똑한 사람은
결코 존재할 수 없기 때문이다.
거기에 바로 성공의 열쇠가 있다.

지금 당장 변화하라

자신에게 내재되어 있는 창조성을 분출시키기 위해서는 우선 '실천적인 삶' 과 '수동적인 삶' 의 차이를 이해해야 한다.

강물 위로 돌던지기를 해본 사람이라면 허공을 가르며 돌멩이가 날아갈 때의 상쾌한 즐거움을 맛보았을 것이다. 또 고요한 수면 위에 동그란 물결이 그려질 때는 얼마나 짜릿했던가!

돌이 물에 닿는 순간, 연못은 동심원을 그리며 돌이 부딪힌 지점을 표시해준다. 작은 돌멩이 하나가 어떻게 연못 전체에 영향을 미칠 수 있으며 자신의 존재를 연못 끝까지 알릴 수 있는 걸까? 이것을 지켜보면서 어떤 아이들은 동그란 잔물결에 흥미를 느끼는 반면, 또 다른 아이들은 허공을 가르며 날아간 돌멩이가 일으키는 새하얀 물보라를 더 재미있어 한다.

당신의 삶을 연못과 돌멩이에 비유해보자. 당신은 고요한 잔물결이 되어 아무런 변화 없이 살고 싶은가? 아니면 허공을 날아가는 돌멩이가 되어 자신의 힘으로 파문을 일으키고 싶은가? 나는 자신 있게 "돌멩이가 되는 편이 더 낫다"고 말하고 싶다.

우리는 물 위에 던져진 돌멩이처럼 무엇이든 창조하는 사람이 되어야 한다. 적극적인 창조 행위는 반드시 우리 스스로도 놀랄 만한 장대한 파도를 만들어낸다. 그것이 내일의 계획을 짜는 것이든, 친구에게 이메일을 보내는 것이든 상관없다.

지금 당장 새로운 요리를 만들고, 개성 있는 헤어스타일로 변신하자. 당신 앞에 즐거운 인생이 펼쳐지게 될 것이다.

내 안에 잠든 생각을 깨워라

윈스턴 처칠은 여가 시간에 그림 그리기를 즐겼다. 난을 치는 취미를 가진 유명 대기업의 최고 경영자나 바위 정원을 가꾸는 일본의 재벌 회장, 종이 접기를 즐기는 미국의 퇴역 장성 등 성공한 사람들은 대부분 자신의 창조성을 발휘할 수 있는 취미 생활을 즐긴다.

성공한 사람들은 특별한 취미생활을 즐긴다

이러한 예는 너무나 많다. 높은 발행 부수를 자랑하는 어느 신문 발행인은 열광적인 기차 애호가로 직접 설계한 협궤 열차 모형을 자신의 대형 지하실에 설치해 놓았다고 한다. 그곳에서 그는 종종 철도원 모자를 쓰고 기관사나 차장 역할을 하며 즐거워한다.

　　미국의 어느 대형 보험회사 사장은 건축이야말로 자신의 천직

이라며 시간이 날 때마다 직접 건물을 설계해서 건축하고 개축한
다. 월 스트리트의 유능한 증권분석가는 주말마다 사진 촬영을 하
는데, 그 순간 자신 속에 열정이 살아 움직이는 것을 느낀다고 했
다. 미국의 거대 제조업체에서 부사장으로 일하던 사람이 은퇴한
후 본격적으로 유리 세공법을 배우겠다며 이탈리아로 건너간 일
화도 있다.

이들은 모두 일터에서 뛰어난 창조성을 발휘했으며, 그것도
모자라 부업이나 취미 생활을 통해 넘쳐나는 창조성을 실현하고
자 한 사람들이다. 일에서 창조적인 사람은 노는 데도 창조적이
다. 무언가를 멋지고 아름답게 만들고자 하는 그들의 타고난 충동
은 그들이 직장 안팎에서 모두 성공을 거두게 해주었다.

예를 들면 어린 시절 나는 그림 그리는 것을 즐겼다. 그 후 글
쓰는 직업을 택해 전문적으로 글을 썼고, 마지막으로는 사업체를
운영하는 경영자가 되었다. 나는 한번도 경영에 대한 체계적 교육
을 받은 적이 없다. 하지만 내가 가진 것은 오로지 무에서 유를 창
조하겠다는 순수한 열망뿐이었다. 나 자신의 본능과 직관에 따라
한 소규모 사업체를 계획하고 운영했는데, 그 방식은 내가 그림이
나 소설을 창조할 때와 똑같은 것이었다. 여러분들에게도 다음과
같은 방법을 권하고 싶다. .

· 착상이 떠오르면 시작한다.
· 전체적인 큰그림을 그려본다.
· 계획을 세운다.
· 계획의 배경을 설정하고 세부적인 사항을 점검한다.

· 완성되었다고 느낄 때까지 일을 추진해 나간다.

나는 경험이 없고 둔한 사람이라 내 방법이 현실적으로 성공할 것이라고 아무런 의심 없이 믿었다. 그리고 실제로 기적처럼 성공할 수 있었다. 그러나 대다수의 사람들은 바로 자신의 수중에 마술상자가 있다는 사실을 깨닫지 못한 채 어디선가 저절로 행운이 굴러오기만을 기다리며 살아간다.

일터에 나갈 때는 늘 자신만의 창조성을 챙겨라

버트 랭카스터가 주연한 영화 〈알카트라즈의 버드맨〉의 실제 주인공인 로버트 스트라우드는 새들과 교류할 수 있는 신비스러운 능력을 가진 인물이었다. 하지만 그는 자신의 진정한 재능을 깨닫지 못한 채 악명 높은 알카트라즈 교도소에서 생을 마치고 만다. 안타깝게도 그가 자신의 놀라운 재능을 깨달았던 것은 죽기 직전이었다.

세계적인 천재 물리학자 스티븐 호킹이 세계적인 베스트셀러 《시간의 역사》를 펴냈던 것도 루게릭병이라는 치명적인 병으로 휠체어 신세를 지게 되었을 때의 일이다. 이렇게 사람들이 자신의 천재적 창조성을 발견하기까지에는 오랜 시간이 걸리는 경우가 많다.

수많은 사람들은 어렴풋하게나마 자신만이 지닌 특별한 재능이 무엇인지를 짐작하고 있다. 하지만 막상 생업을 위해 출근할 때가 되면 창조성은 집에 내버려두고 몸만 일터로 떠난다. 또 어떤 사람들은 자신이 어떤 면에서 창조성을 지니고 있는지는 분명히 알고 있지만, 이를 어떤 방식으로 사업에 적용시켜야 할지 알지 못하고 있다.

저명한 아이디어 기획자이자 저술가인 브라이언 매티모어는 《9.5% 해결책》에서 역사상 뛰어난 천재들이 어떻게 자신의 창조적 원천을 발견했는지를 들려주고 있다.

아인슈타인은 불과 여섯 살의 나이에 나침반을 지배하는 자연의 법칙을 보며 깊은 사색에 잠겼다. 이때 떠오른 영감의 힘을 바탕으로 그는 일생 동안 우주의 신비를 밝혀내는 일에 전념할 수 있었다.

소년 에디슨이 곡물이 든 자루 두 개의 무게와 자신의 몸무게가 똑같다는 사실을 깨달았을 때, 그의 머릿속은 어둠 속에서 환한 등불이 켜진 것처럼 갑작스레 밝아졌다. 그때부터 그는 무언가를 다른 어떤 것과 동일한 것으로 만들기 위해 노력을 기울였다. 이렇게 해서 전기가 불빛이나 소리가 될 수 있었으며, 사진이 실물의 동작을 그대로 담아낼 수 있었다. 이것이 바로 그가 발견한 세기의 발명품인 전구와 축음기, 영사기였던 것이다.

믿기 힘든 일이겠지만 유명한 복화술사였던 에드가 버겐은 '찰리 매커시'라는 이름을 가진 인형에게서 세상을 사는 지혜를 얻었다고 한다. 어느 날 공연이 끝난 후 한 관람객이 무대 뒤편에 있는 탈의실로 버겐을 찾아갔다. 그때 방문객은 열려 있는 문틈으로 버겐과 그의 인형이 은밀하게 대화를 나누고 있는 것을 목격했다. 버겐은 찰리에게 인생의 의미에서부터 우주의 구조에 이르기까지 온갖 것들에 관한 질문을 하며 깊이 몰두해 있었다.

엿듣기가 민망해진 그 관람객이 마침내 헛기침을 하자, 버겐은 쑥스러운 듯이 "당신에게 들키고 말았군요"라고 말했다. 그는 그때까지도 놀라 어리둥절해 있는 관람객에게 찰리는 항상 올바른 답을 들려준다고 설명했다. 더구나 인형 찰리가 항상 기대하지 못했던 깊이 있는 대답을 들려주고 때로는 인생의 해결책을 제시해준다는 말까지 덧붙였다.

어떤 사람들은 꿈속에서 영감을 얻는다. 로버트 스티븐슨이 《지킬 박사와 하이드》의 소재를 얻은 곳도, 러시아 화학자인 멘델레예프가 '원소 주기표'를 보았던 것도 꿈속이었다. 제임스 와트가 산탄총탄알 제조에 대한 아이디어를 얻은 것은 탄알들이 빗방울처럼 떨어지는 꿈을 꾸었을 때였다.

일상생활 속에 기회가 숨어 있다

창조적인 사람들은 일상생활에서 실험과 도전 정신을 유감없이 발휘한다. 벤자민 프랭클린 역시 끊임없는 호기심과 관찰을 통해 얻은 아이디어를 실제적인 발명품으로 구현해냈던 사람이다. 그는 어떤 옷이 열을 가장 잘 흡수하고 반사하는가를 밝혀내기 위해 어느 화창한 날 흰색에서 검은색까지 다양한 빛깔의 천을 눈 위에 일렬로 늘어놓았다. 열을 많이 흡수한 검은색 천은 눈이 녹아 깊이 가라앉은 반면, 흰색 천은 거의 그대로였다. 프랭클린은 "겨울에는 검은색 옷을 입고 여름에는 흰색 옷이나 흰색 모자를 쓰는 것이 좋다"고 결론내릴 수 있었다.

우리 주변에는 생각보다 훨씬 더 많은 기회가 있다. 발명가인 스탠 메이슨은 어느 날 문득 직장에 다니는 여성이 늘어나고 있기 때문에 요리 시간을 절약할 수 있는 전자레인지가 더 많이 보급될 것이라는 사실을 깨달았다. 그렇다면 이제 필요한 것은 더 쉽고 빠르게 요리를 할 수 있는 전자레인지용 그릇이었다. 마침내 그는 기존의 접시나 그릇보다 더 쉽고 편리하게 전자레인지에 사용할 수 있는 제품인 '메이슨웨어'를 개발했다.

월트 디즈니 역시 둘째가라면 서러울 정도로 뛰어난 창조성을 보여준 인물로 세부적인 묘사에 천재적인 감각을 발휘한 대가였다. 개장을 앞둔 디즈니랜드에서 '카리브해의 해적'이라는 놀이 기구를 둘러보던 그는 왠지 만족스럽지가 않았다. 분명 그의 눈에도 배나 해적 등 모든 것이 환상적이었다. 그러나 꼭 집어낼 수 없는 무언가가 부족하다는 느낌을 지울 수 없었다.

디즈니는 여러 사람들에게 '카리브해의 해적'을 본 느낌을 물었다. 하나같이 정말로 훌륭하고 멋있다고 대답할 뿐이었다. 단한 사람, 어느 목수만이 남부에서 자란 자신은 반딧불이 빠졌다는 생각이 들었다고 이야기했다.

"그래! 바로 그거야!"

디즈니는 소리쳤다. 그는 즉시 진짜 반딧불이를 잡아오게 했고, 기술자들로 하여금 가짜 반딧불이를 복제하는 방법을 개발하도록 했다.

창조적인 사람은 언제나 즐겁다

사이버캐쉬의 회장인 단 린치는 인터넷 구축에 일조한 쾌활한 지식인이자 30년 동안 컴퓨터 산업을 연구한 개척자로서, 하는 일마다 성공을 거둔 팔방미인이었다. 그는 다음과 같이 말한다.

· 수학을 전공한 것은 즐거운 일이었다.
· 로봇을 설계한 것은 즐거운 일이었다.
· TCP/IP의 결함을 제거하는 것은 즐거운 일이었다.
· 아파넷을 인터넷으로 전환시킨 것도 즐거운 일이었다.
· 현재 사이버캐쉬를 운영하는 일은 즐거운 일이다.

창조적인 사람은 언제나 즐겁다. 진정한 창조성이라면 굳이 정당화하기 위해 애쓸 필요가 없다. 그러나 때로는 잘못된 생각이 창조적인 개념인 것처럼 통용될 때가 있는데 이는 교묘하게 위장된 것이다. 그 예로 '주주 가치' 라는 흥미로운 개념을 들어보자.

한때 최고 경영자가 자신의 기업에 기여할 수 있는 가장 적합한 방법은 주주들의 투자 수요를 자극하는 것이라는 생각이 통용된 적이 있다. 처음에 이 개념은 주주의 이익이 곧 회사의 이익이라는 주장보다 혁신적 개념으로 대접받았으나 오래지 않아 호소력을 잃기 시작했다. 재정적인 목표 달성이나 실적 올리기만을 강조하면서 연구개발비에 대한 투자나 장기적인 계획 수립을 하지 않는 기업은 결국 치명적인 문제에 직면할 수밖에 없기 때문이다.

옥스퍼드대학 경영연구소 소장인 존 케이는 말한다.

"기업의 경영자들은 두 가지 사실을 잘 인식하고 있어야 한다. 첫째, 기업이 오로지 주주의 재산 불리기에만 급급할 때는 주주의 장기적 이익에 도움이 되는 일들이 가볍게 여겨질 수 있다.

둘째, 주주 우선의 법칙을 채택함으로써 결국에는 주주 가치를 극
대화시키는 일이 더욱 어려워질 뿐 아니라, 모든 사람이 동의하는
최선의 결과를 향해 기업을 운영하는 것이 불가능해질 수 있다.”
　바로 이것이 우리 시대의 창조적이고 진보적인 생각이다.

진정한 가치를 정확하게 판단하라

세계증권연구소 소장인 메이리 클라크는 자신이 ‘경쟁의 이점’이
라고 이름 붙인 독창적인 방법을 이용해 광대한 주식시장에서 우
량주들을 발굴해낸다. 그는 활동적이고 호기심이 강하며, 있는 그
대로 안주하기를 거부한 여성으로 직장 생활에서 뛰어난 창조적
정신을 발휘한 사람의 좋은 본보기가 되고 있다.
　그녀는 일을 시작한 순간부터 새로운 무언가를 시도하려고 노
력했다. 그래서 연구소 직원들과 함께 전세계 수많은 대기업과 중
소기업, 전통 있는 기업과 새로 창업한 기업의 특성들을 빠짐없이
철저히 조사했다. 그 결과, 우수하고 유망한 기업들은 하나의 공
통적인 특징을 가지고 있다는 사실을 알아낼 수 있었다. 그것은
바로 그 기업들 모두 경쟁사를 쉽게 따돌릴 수 있는 자신만의 뚜
렷한 이점을 가지고 있었다는 사실이다.
　메이리는 좋은 주식에는 눈에 보이는 특별한 장점이 있다고
말한다. 그것은 건전한 경영일 수도 있고 가격 경쟁력일 수도 있
으며, 브랜드 인지도일 수도 있고 저평가된 장기적 투자일 수도
있다. 아니면 이같은 장점들이 다양하게 조합된 것일 수도 있다.
　메이리 팀은 전세계 2000개 주식 목록을 철저히 분석했다. 그

들은 그중에서도 뛰어난 경쟁력을 보여주는 주식 250개를 가려냈고, 이것을 다시 40개 인기주로 압축시켰다. 이 목록에는 의외의 기업들도 포함되어 있다. 가령 코카콜라는 오랫동안 후보자 명단에 머물렀지만, 그들이 보기에는 두 가지의 이점이 분명한 기업이라고 메이리는 설명했다.

첫째, 그 뒤를 쫓고 있는 경쟁사보다 시장 점유율이 2.5배나 높은 거대한 유명 브랜드라는 점이다.

둘째, 탁월한 유통망을 가지고 있다는 점이다. 음료 시장에서 게임의 제1법칙이 될 수 있는 것은 우수한 유통망이기 때문이다. 메이리는 코카콜라의 제품들이 펩시를 비롯한 경쟁사들이 진출하지 못하고 있는 전세계 시장을 쉽게 점령할 수 있을 것이며, 앞으로도 오랫동안 유리한 고지를 빼앗기지 않을 것이라고 전망했다. 바로 탁월한 유통망 덕분이다. 그것이 메이리가 코카콜라의 주식을 우량주로 평가하는 이유이다.

메이리는 또한 인도네시아의 무명 기업인 아시아 펄프 앤 페이퍼를 높이 평가했다. 이 회사는 펄프 생산 비용이 세계에서 가장 낮기 때문이다.

40위 안에 포함된 또 다른 기업으로는 일본의 반도체 생산업체인 도쿄 일렉트론이 있다. 이 회사는 일본 제조업체들과 원활한 사업 관계를 맺고 있으며, 기술력이 뛰어나고 시장 점유율이 높다는 장점을 가지고 있다. 그러나 도쿄 일렉트론의 주식은 매우 싼 가격에 거래되고 있었다. 그것은 일본인들이 이 기업의 감춰진 경쟁력을 전혀 인식하지 못하고 있었기 때문이다.

그러나 날이 갈수록 메이리가 선별한 주식들이 시장에서 두각을 드러내는 것으로 보아 그녀의 연구가 상당히 치밀하고 정확했음에 틀림없다.

기업 신용도와 실질 가치를 평가하는 크레디트 스위스 퍼스트의 보스턴 연구소장이자 메이리의 맞수로 평가받고 있는 알 잭슨은 기업의 진정한 가치를 정확하게 판단할 수 있는 새로운 방법을 개발해냈다. 그는 기업의 가치를 평가하기 위해 각 기업마다 경제적 부가가치(EVA)라고 불리는 계산 방법을 적용했는데, 그 결과에 가장 놀란 사람이 바로 자신이었다.

그의 말을 들어보자.

"우리는 투자 대비 수익률(ROI)과 주당 수익률(EPS)을 이용하는 과거의 방법이 종종 부정확하다는 사실을 알아냈습니다. 아울러 기업의 현재 가치와 미래 가치를 정확히 평가하기 위해서는 경제적 부가가치 분석을 이용해야 한다는 사실도 알게 되었죠."

예를 들어 1994년 잭슨은 월마트가 어려움을 겪을 것이라고 보았다. 당시 모든 사람들이 월마트의 수익률과 주당 수익률이 앞으로 더욱 탄탄해질 것이라고 예측하고 있었다. 그러나 월마트는 기존 분석방법으로는 드러나지 않는, 공급과 유통에서 발생되는 몇 가지 문제들을 숨겨왔다. 바로 그 문제점들이 경제적 부가가치 분석을 통해 드러났던 것이다.

또한 경제적 부가가치 분석을 통해 컴팩 컴퓨터가 PC 제조업체라기보다는 서버 전문업체라는 사실을 밝혀낼 수 있었다. 크레디트 스위스 퍼스트의 보스턴 연구소는 그 후 컴팩 컴퓨터의 신용도를 조정했다.

식료품 대기업인 CPC는 오랫동안 유럽 현지에서 하고 있는 크노르 수프와 헬만즈 마요네즈 사업이 황금알을 낳는 거위라고 생각했다. 그러나 경제적 부가가치 분석을 통해 이와는 전혀 다른 결론을 얻게 되었다. 얼마 후 크노르와 헬만즈는 장기간 감춰져 있던 심각한 문제들로 인해 수익률이 급락하는 위기를 맞이했다.

전통적인 분석법을 통해 제너럴 밀스를 평가해보면 건강한 기업이라고 판단할 수밖에 없을 것이다. 그러나 경제적 부가가치 분석은 제너럴 밀스의 레스토랑 사업부가 저조한 실적을 냄으로써 기업 전체에 치명적인 부담을 주고 있다는 사실을 밝혀냈다. 제너럴 밀스의 식품 사업부들이 회생 가능성이 없는 레스토랑 사업부를 간신히 지탱해주고 있었던 것이다.

1989년부터 1994년까지 레스토랑 사업부가 내는 수익은 기업 총이익금의 4분의 1에 불과할 뿐이었다. 사정이 이런데도 제너럴 밀스는 자본 지출의 거의 절반을 레스토랑 부문에 쏟아붓고 있었다. 제너럴 밀스는 이러한 문제점을 인식하면서부터 잘못된 수익 구조를 개선할 수 있었다. 알 잭슨의 창조적인 분석법이 수익성을 높인 예였다.

자신만의 특별한 무언가를 찾아라

창조성의 가치를 이해하고 실현하는 데 있어 스티븐 스필버그를 따라갈 사람이 있을까? 그는 오스카상을 수상한 영화 제작자이며 드림웍스의 공동 창립자이다. 스필버그는 자신의 집과 사무실에 각종 게임 장비들을 갖춰놓는 것으로도 모자라 누구라도 빠져들지 않고서는 못 배길 흥미진진한 게임을 만드는 일에 착수했다.

그가 개발한 '버티컬 리얼리티'라는 초대형 게임 기구는 움직이는 의자에 묶인 게임 참가자들이 거대한 스크린을 배경으로 사이보그 악당들과 싸우며 차차 위로 올라가도록 만들어졌다. 게임의 승자가 되면 10미터 높이에서 시원스럽게 낙하하는 짜릿한 기쁨을 맛볼 수 있다. 스필버그는 미래의 오락이 쌍방향 대화식이 될 것이라 믿고 있으며, 버티컬 리얼리티를 비롯한 몇몇 벤처 게임기를 제작하는 데 큰돈을 투자하고 있다.

모험적 사업에 대해 이야기해보자. 트레블러즈의 전 사장 샌디 웨일이 흐리멍텅한 직원들을 활기 넘치는 최우수 금융 서비스 팀으로 탈바꿈시키는 데 꼬박 10년이 걸렸다. 트레블러즈의 한 이사는 샌디 웨일의 창조성에 대해 다음과 같이 말한다.

"그는 얽히고 꼬인 일을 해결해내는 데는 천재입니다."

제너럴 일렉트릭의 회장인 잭 웰치는 이렇게 표현한다.

"그는 공기 한 움큼으로 이 거대하고 성공적인 사업체를 만들어낸 멋진 사람입니다."

웨일의 전략은 최대한 비용을 절감하고 이익은 성장에 투자하며 최고 인재를 고용하고, 자신이 소유주라 생각하며, 오로지 주주 가치 향상이라는 한 가지 목표만을 생각하는 것이었다.

만약 트레블러즈가 오케스트라였다면, 웨일은 트레블러즈에 투자한 모든 관객들에게 감동적인 교향곡을 들려준 지휘자라 할 수 있을 것이다. 후에 그들은 씨티 톱의 거대 합병으로 생겨난 씨티 그룹의 공동 사장으로 취임했다.

모든 사람이 회사를 경영하거나, 수백만 달러를 벌거나, 천재적인 아이디어로 성공을 거둘 수는 없다. 그러나 모든 사람들은 좀더 나은 삶으로 나아가게 해주는 자신만의 독특한 무언가를 가지고 있다.

가슴속에서 고동치는 심장처럼 창조의 불꽃은 태어난 순간부터 우리에게 주어진 소중한 능력이다. 심장이 멈추면 삶도 멈추듯이 창조의 불꽃이 꺼질 때 우리 삶은 불완전해지고 만다. 삶은 기쁨도 열정도 없는, 때로는 사랑조차 움트지 못하는 황량한 사막이 되어버리고 마는 것이다.

창조의 등불이 점화되는 순간은 간절한 소망이 성취되는 순간과 흡사하다. 그 순간 우리는 일상생활의 지루한 그림자를 털고 일어나 눈부신 햇살을 맞이할 수 있다. 우리의 잠재력을 점화시키고 고양시키기 위해서는 그 햇빛 속으로 들어갈 수 있어야 한다. 그곳에서는 어둠 속에서 결코 일어날 수 없는 일들이 일어난다. 그곳을 마다하는 사람은 아무도 없을 것이다.

잠재된 능력에 불을 붙여라

컴퓨터 전자산업을 보면 쉽게 알 수 있듯이 많은 회사들이 똑같은 제품을 만들어내고 있으며, 한 회사가 만든 제품은 채 6개월도 못 되어 구식이 되어버린다. 그러므로 경쟁에서 이기기 위해서는 남과는 다른 나만의 창조적인 방식으로 일할 필요가 있다. 그렇다고 지레 겁을 먹거나 자신은 선천적으로 창조성이 결핍된 사람이라고 탓할 필요는 없다. 사실 인생이란 그 자체가 끊임없이 창조의 경험을 해나가는 장이기 때문이다.

남들과 다르지 않으면 경쟁에서 이길 수 없다

인간은 무방비 상태로 세상에 태어나며, 몸집이 큰 다른 동물에 비해 힘이 약하고 유순하다. 따라서 생물학적으로 볼 때 발명하는 능력이나 환경에 적응하는 능력이 없었더라면 지금과 같은 만물의 영장이 될 수 없었을 것이다.

우리는 매일 가정에서, 그리고 일터에서 수천 가지 자질구레한 문제들을 해결하고 있다. 직장 상사가 지시한 보고서를 제 시간에 제출하는 일, 고장난 수도꼭지를 고치는 일, 아이들을 위해 장난감 모형을 조립하는 일, 강아지가 살 집을 만드는 일 등 하루의 모든 일과가 창조성을 발휘하는 일들로 이루어진다.

일상적인 일에서도 매 순간 창조성이 필요하다. 교통사고 때문에 출근길이 막혔다면 어떻게든 우회로를 찾아야 한다. 주주들이 한결같이 정기총회가 지루하다고 불평을 늘어놓는다면 같은 정보를 좀더 재미있고 기억에 남게 전달하는 방법을 찾아야 한다. 신제품을 출시하기 전 경쟁사에서 자신들보다 더 좋은 제품을 싼 가격에 내놓았다면 그것보다 더 좋은 제품을 만들어내야 한다.

최악의 실패를 최선의 성공으로 변화시키는 능력

엄청난 재난으로 끝날 뻔했던 1971년 아폴로 13호의 달 탐사 여행은 이 시대의 가장 창조적인 도전 가운데 하나였다. 아폴로 13호는 달에는 무사히 도착했으나 우주선 한쪽 벽의 패널이 폭발하면서 전력 시스템과 생명 유지 장치가 고장났고, 비상용 대체 에너지도 작동하지 않게 되었다. 우주선에 갇힌 우주비행사 세 명이 고스란히 죽음의 위기에 직면하게 된 것이다.

최초로 폭발이 일어난 지 몇 초 만에 우주 비행사들과 휴스턴에 있는 우주비행관제센터는 한꺼번에 물밀 듯 밀려드는 여러 가지 긴급한 문제들과 맞닥뜨리기 시작했다. 첫번째 문제는 어떻게든 살아남는 것이었다. 두번째 문제는 그런 상황에서 우주선의 궤도를 수동으로 안전하게 유지시키는 것이었다.

궤도가 약간만 높아지더라도 그들은 우주의 심연 속으로 튕겨져나가 버릴 것이다. 반대로 궤도가 약간만 낮아지더라도 화염에 휩싸여 지옥으로 떨어질 운명이었다.

그중 한 사람은 폐렴 증세로 고생하고 있었고, 비좁은 선실은 온도가 빙점 이하로 떨어지고 있었다. 이제 우주비행사들이 살아남을 가능성은 실낱같이 희박했다. 가족들에게는 고통스런 기다림이 시작되었고, 전세계가 숨죽이고 지켜보는 상황에서 마침내 위대한 드라마가 전개되기 시작했다.

먼저 관제센터는 유능한 기술자들을 소집해 우주비행사들이 선실 안에서 발견할 수 있는 물건을 모두 수집하도록 했다. 그렇게 모은 물건은 호스, 금속용기, 깔때기, 도관용 테이프, 전선, 고무밴드, 금속판, 셀로판지, 두루말이 휴지 등 온갖 잡동사니들이었다.

기술자들에게 부여된 임무는 임시 방편으로 고장난 이산화탄소 세정기를 대신할 수 있는 가스정화기를 만드는 것이었다. 정화되지 않은 이산화탄소로 인해 우주비행사들이 서서히 질식해 죽어가고 있었다. 그래서 지상의 기술자들은 가능한 한 신속하게 작업을 수행해야만 했다. 그들은 주어진 임무를 수행할 능력을 갖추고 있었을 뿐 아니라 단 한번에 성공시킬 수 있을 만큼 뛰어난 사람들이었다.

결과가 어떻게 되었는지 모르는 사람은 없을 것이다. 불과 몇 시간 내에 그 일류 기술팀은 엉성하긴 해도 우주비행사들의 생명을 구하기에는 충분한 장치를 성공적으로 고안했다.

일단 우주선 내부 공기가 안정되자 우주비행사들은 정신을 집중해 아폴로 13호를 대기권에 진입시키는 일에 몰두할 수 있게 되었다. 컴퓨터 장치는 고장났고 한 사람은 아픈 상태였지만, 그들은 일사분란하게 우주선을 귀환시키는 데 필요한 복잡한 제어장치들을 수동으로 조작했다. 관제센터의 도움을 받아가며 간단한 운항 계산법을 이용해 그들은 아폴로 13호를 완벽하게 지구에 착륙시켰다. 이렇게 그들은 수많은 실패 가능성을 극복하고 자신들의 생명을 구했을 뿐 아니라, 훌륭하게 임무를 완수했다. 후에 그들은 그때 일을 회상하면서 스스로 자신들이 해낸 일에 경탄하곤 했다.

이처럼 모든 일에는 평상시에 무심코 지나치기 쉬운 재능의 원천이 숨겨져 있다. 여기서 말하는 재능이란 특정한 조건이 주어졌을 때만 나타나는 것으로, 최악의 실패를 최선의 성공으로 변화시킬 수 있는 소중한 지적 능력이다. 그리고 그러한 능력은 오직 인간만이 가진 것이다. 평상시에는 평범했던 사람도 도전적인 상황에 처하게 되면 창조적 존재로 거듭날 수 있는 것이다.

나의 능력을 100배 업그레이드하는 실천지침

특출한 창조성을 지닌 사람들은 일반적으로 날카로운 관찰력과 지칠 줄 모르는 호기심, 냉철한 문제 의식, 반짝이는 아이디어에 대한 강한 욕구, 새로운 각도로 사물을 보는 기술 같은 공통된 특징을 지니고 있다.

자신의 내면을 창조성으로 채우고 싶다면 전문가들이 제안하는 15가지 실천적 방법에 귀기울여보자.

실패를 두려워하지 마라

위대한 창조성을 타고난 사람이더라도, 혹은 숨어 있는 창조적 에너지를 분출하기 위해 아무리 노력한다 해도 성공에 이를 때까지는 무수한 실패를 겪게 마련이다. 에디슨은 1000번 이상의 실패를 겪은 후에야 전구를 발명하는 데 성공했다. 《바람과 함께 사라지다》의 작가 마가렛 미첼 역시 이 소설의 진가를 알아보는 출판업자를 만날 때까지 40번에 가까운 냉혹한 거절을 견뎌야 했다.

죽을 힘을 다해 노력하라

전문가들이 말하기를 사람에게 내재되어 있는 창조성의 불꽃은 마음대로 켜고 끌 수 있는 것이 아니라고 한다. 그러므로 용기를 내어 새로운 일을 시도하려 하거나 작업 공정을 개조하고 싶을 때, 신제품의 디자인을 업그레이드하거나 제품 구성을 새롭게 공식화할 때는 창조성을 바탕으로 한 제3의 눈으로 바라볼 수 있도록 최선을 다해 노력해야 한다.

이는 서재를 새로 꾸미고 싶다거나 집을 수리할 때, 뒷마당에 새로 정원을 만들고 싶다거나 오랫동안 배우고 싶던 점토나 그림 강좌를 듣게 되었을 때도 마찬가지다.

엉뚱한 아이디어도 무시하지 마라

별것 아닌 것 같던 아이디어도 종종 최고의 기획 아이템이 될 수 있다. 나쁜 아이디어라고 생각되더라도 버리지 말고, 그 아이디어에 대해 이야기하고, 다른 각도에서 보기도 하고, 한동안 이리저리 굴려보자. 그것들을 모아 좋은 아이디어를 조립할 수도 있다.

설령 아무것도 나오지 않는다 해도 크게 한번 웃을거리는 될 것이다. 사소한 아이디어들을 잘 기억해놓으면 언젠가는 좋은 아이디어를 찾아내는 데 이용할 수 있을지도 모른다.

평범한 세계를 넘어 더 먼 곳을 보라

창조적인 사람들은 평범한 사람들과는 다른 각도에서 세상을 본다. 별다른 쓸모가 없어 보이는 유리구슬을 고속도로 표지판에 붙여보자. 운전하는 사람들이 밤에 쉽게 도로를 찾을 수 있게 해주고, 더 나아가 엄청난 사고를 방지해준다.

주변에서 쉽게 찾아볼 수 있는 세라믹 타일을 우주탐사선의 외벽이나 대기권에 진입하는 비행선의 방열판에 붙이면 섭씨 1600도 이상의 고열을 견딜 수 있는 방화벽으로 변화한다.

수천 년 전 중국에서는 호기심이 강한 어떤 사람이 가는 누에고치로부터 장력이 강한 천연섬유를 뽑아낼 생각을 했다. 비단 섬유 산업이 탄생하는 순간이었다. 이렇게 시작된 중국의 비단 산업은 오늘날까지도 대외 무역에서 막대한 부분을 차지하고 있다.

다른 사람들을 주목하라

창조적 정신을 배양하기 위해 다른 사람에게서 자양분을 얻는 것도 좋은 방법이다. 우리가 누군가를 재미있는 사람이라고 느끼게 되는 이유는 그에게서 창조적 사고방식을 볼 수 있기 때문이다.

　　창조적 사고방식은 폭넓은 경험과 교육을 통해서 얻어지는 경우가 많은데, 나와는 전혀 배경이 다른 사람에게서 그 같은 아이디어의 원천을 대가 없이 얻어낼 수 있다.

일단 현실적인 목표에서 시작하라

친구의 결혼기념일에 직접 시를 한 편 지어줌으로써 그들에게 눈물과 웃음을 선사할 수도 있다. 연인의 마음에 들 만한 기발한 선물을 직접 만들어 선물할 수도 있다. 이처럼 현실적인 목표를 위해 짜낸 생각들이 생활에 활력과 기쁨을 가져다주게 된다.

작은 아이디어에도 관심을 기울여라

큰 성취도 맨 처음에는 작은 아이디어에서 비롯된다. 위성통신 개발을 가능케 한 것도 실을 매단 깡통으로 음성을 주고받는 아이들의 놀이에서 시작되었다.

마음껏 상상하고 공상하라

마음이 원하는 대로 공상에 잠기는 것은 결코 시간 낭비가 아니라 숨을 쉬는 것처럼 자연스러운 행동이다. 그리고 그 시간이야말로 바쁜 하루 일과에서 지친 뇌를 쉬게 할 수 있는 유일한 때이다. 그때가 아니면 언제 창조적인 해결책을 제시해주는 잠재의식의 도움을 받을 수 있을 것인가.

체스, 주사위, 바둑 등 전략을 요하는 게임을 즐겨라

우리의 뇌는 오랫동안 사용하지 않으면 방전되어버리는 자동차

배터리와도 같다. 전략 게임은 두뇌를 명석하게 해주고 활력을 불어넣어주며, 일상적인 문제들을 창조적으로 헤쳐갈 수 있는 힘을 키워준다.

외국어를 배워라

외국어를 배울 때 우리의 정신은 새로운 사고방식과 유연성을 얻게 된다. 한두 가지 정도의 외국어를 자유자재로 한다는 것이 얼마나 우리의 사업과 사회적 영역을 확장시키는지는 두말할 나위가 없다.

오른손잡이는 왼손을, 왼손잡이는 오른손을 사용하라

사실 사소해 보이는 이 실천 때문에 당장 삶의 변화가 일어나지는 않을 것이다. 그러나 어떤 문제에 접근할 때 정반대의 관점을 이용하면 창조적 사고에 큰 도움이 될 수 있다는 것은 분명 놀라운 사실이다.

계산기 없이 장부를 정리해보라

이 작은 실천으로 계산기라는 작은 기계에게 빼앗겼던 두뇌의 회전력이 다시 깨어나는 경험을 할 때, 우리는 정말로 신선한 충격을 느끼게 될 것이다. 이것은 우리의 정신을 활성화시키는 것 외에도 금전의 흐름에 대한 집중력을 높여준다.

소설을 4분의 3까지만 읽은 후 결말을 직접 구성해보라

소설의 결말을 끝까지 완성하기에는 시간이 부족할 수도 있겠지

만 구성이나, 부제, 인물, 묘사 등의 요소들을 조합해가며 소설을
마음속으로 완성해본다는 것은 신선한 경험이 될 것이다. 소설가
처럼 생각하는 것만으로도 감춰져 있던 창조적 능력이 모습을 드
러낼 것이다.

물구나무서기로 뇌에 충분한 혈액을 공급하라

이것은 고대부터 정신 활동을 향상시키는 데 이용되어 온 방법으
로 실제로 효과가 있다. 우리의 뇌는 혈액과 산소를 좋아한다. 요
가 수행자들은 규칙적으로 중력을 거스르는 것이 몸과 마음, 정신
과 영혼 모두에 유익한 행위라고 믿고 있다.

조각그림맞추기와 십자말풀이를 즐겨라

이 두 가지 훈련은 자극과 이완을 동시에 준다. 특히 십자말풀이
는 자극적이고 도전적이며, 재미있다. 뿐만 아니라 어휘력을 향상
시켜주고 지적 능력을 높여준다.

생각하라 그러면 성공하리라

기술자들이 한자리에 모여 가정용 방범 장치를 만들기 위해
아이디어를 짜내고 있었으나 별 성과가 없었다. 그때 누군가가 브
레인스토밍 회의를 제안했다. 몇 분 만에 기술자들은 저마다 새로
운 아이디어를 수십 개씩이나 쏟아놓았다.

창조성을 극대화시키는 브레인스토밍

브레인스토밍을 제안했던 사람은 바로 매티모어 컨설팅의 대표로
하겐다즈, AT&T 같은 유명 기업들과 미국 정부가 사용하고 있는
비즈니스 창의력 프로그램들을 설계한 브라이언 매티모어였다.

　한 식품회사의 마케팅 부서 직원들은 새로 나온 아이스크림
이름을 짓느라 고심하던 중 매티모어가 제안한 또 다른 학습 방법
인 '그림 자극법'을 통해 해답을 얻었다. 매티모어는 관리자들에

게 사진과 글이 많은 잡지를 보며 감칠맛 나는 이름을 조합해보라고 했다. 그러자 누군가 교향악단 사진을 보고 '딸기 랩소디'라는 이름을 제안했고, 어떤 만화책에서는 '쿠키 반죽 발전기'라는 이름이, 또 다른 그림들에서는 '미드나잇 초콜릿 크런치'라는 이름이 나왔다.

각종 산업에 사용되는 접착제를 주력 상품으로 생산하고 있던 크레이지 글루의 직원들이 신제품을 개발할 때도 매티모어의 제안을 따랐다. 그들은 눈을 감고 가상 백화점의 여러 매장들을 쇼핑하는 상상을 했다. 그 결과 새로운 아이디어가 무수히 쏟아졌다.

각각의 참석자들에게는 백화점의 다른 곳도 방문하라는 과제가 주어졌다. 그러자 보석 매장에서는 쓰임새가 다양한 '크레이지 글루 수리 도구'가 나왔고, 보트 매장에서는 '크레이지 글루 방수 제품'이 나왔으며, 자동차 매장에서는 '크레이지 글루 방열 제품'이 나왔다. 철물점에서는 건축과 주택 수리에 필요한 '크레이지 글루 이동 컨테이너'가 나오기도 했다.

매티모어는 개개인에게 잠재되어 있는 창조성을 극대화시키고 기업의 상품과 서비스 판매를 증가시킬 수 있는 여러 방법을 제안한 바 있다.

매티모어는 우리 모두에게 무언가를 발명할 수 있는 재능과 독창성, 총명함이 내재되어 있다고 믿는다. 그는 우리에게 필요한 것은 선천적으로 주어진 그 능력을 분출시킬 수 있는 작은 도화선일 뿐이라고 강조한다.

"우리 모두에게는 무언가를 창조하려는 강한 본능이 있습니다. 중요한 것은 창조성을 이끌어내는 방법을 찾는 것입니다."

 부자들의 생각을 훔쳐라

매티모어는 이를 위해 과거와는 아주 다른 방식으로 사물을 보고 생각하라고 충고한다. 예를 들어 매티모어는 기술자들과 브레인스토밍 회의를 하다가 참석자들에게 아무리 엉뚱하고 별난 아이디어라도 생각나는 대로 모두 종이에 적으라고 요구했다.

"처음 다섯 개 정도는 대개 진부한 아이디어였고, 다음 다섯 개는 약간은 흥미롭고 모험적인 아이디어들이었습니다. 그리고 마지막 열 개 정도는 바로 우리가 원했던 새롭고 파격적인 아이디어들이었습니다. 기술자들이 최고의 아이디어로 결정한 것은 같은 사람에게서 나온 다섯번째와 열한번째 아이디어가 결합된 것이었습니다."

또 에른스트&영이라는 컨설팅 회사는 새로운 온라인 컨설팅 서비스의 이름을 짓기 위해 매티모어에게 자문을 구했다. 서비스의 목적은 '멕시코 제일의 전화회사는 어디인가?' 혹은 '기업을 가장 잘 평가할 수 있는 회계자료는 무엇인가?' 등의 질문을 온라인으로 접수한 후 24시간 내에 답해주는 것이었다. 매티모어는 자기 자신을 컴퓨터라고 상상하면서 마음속으로 고객들의 질문을 접수하고 대답을 제공해보았다. 잠시 후 그의 머릿속에는 '어니'라는 이름이 자리잡기 시작했다.

그는 회상했다.

"그 컴퓨터는 정말로 어니라는 이름으로 불리기를 원하는 것 같았어요."

에른스트&영은 매티모어가 제안한 이름이 발음하기 쉽고 친숙해 컨설팅 서비스의 이름으로 적합하다며 마음에 들어했다.

한 의뢰인은 제조공장에서 일어나는 관리와 보수에 관한 고질적인 문제들을 바로잡기 위해 매티모어에게 도움을 요청했다. 매티모어로서는 직접적인 문제 해결 방법을 알 도리가 없었지만 해결책을 어떻게 찾아야 하는지는 잘 알고 있었다.

그는 경영진에게 공장 한가운데 칠판을 설치해 종업원들이 아이디어를 제안하게 함으로써 그들의 의견을 직접 들어보자고 했다. 목요일에 설치된 칠판은 다음 월요일이 되기도 전에 벌써 여러 제안들로 가득 채워져 있었다. 경영진은 이를 토대로 단번에 문제를 해결했고, 더 나아가 관리와 보수 문제 해결에 관한 특허를 얻기까지 했다.

매티모어는 말했다.

"칠판은 사람들을 창조적 사고로 이끌어주는 훌륭한 도구입니다. 우선 칠판이 세워지면 사람들은 촉각을 곤두세우고 웅성거리기 시작합니다. 곧이어 이런저런 것들이 칠판에 모습을 드러냅니다. 사람들은 드디어 생각하기 시작하지요. 그들은 매일 칠판 주위로 모여듭니다. 그러면서 자신들의 생각을 덧붙이기 시작합니다. NASA에 근무하는 삼촌에게 전화를 걸어 좋은 아이디어가 없느냐고 물어보는 사람도 있을 겁니다. 시간이 가고 더 많은 사람들이 칠판에 관심을 기울이게 되면 그때부터 아이디어 기차가 굴러갑니다."

매티모어가 제안하는 생각의 기술

매티모어의 강연회에 참석하는 것은 뇌 속의 제트 엔진을 점화시키는 것과도 같다. 매티모어가 이끄는 회의는 틀림없이 생산적인 결과를 낳는다. 그리고 누구라도 매티모어가 제안한 방법으로 마술을 부릴 수 있을 것이다. 즉 이전에 볼 수 없었던 새롭고 창조적인 아이디어를 만들어내는 것이다. 자, 이제 매티모어가 제안한 10가지 방법을 살펴보자.

창조성을 점화시키는 브레인라이팅

방 안에 둘러앉은 참석자들 모두에게 공통적인 목표가 주어진다. 그 목표는 창조성을 점화시켜 새로운 아이디어를 고안하는 것이다. 참석자들은 저마다 함께 논의하고 싶은 아이디어를 종이 위에 적는다. 그 종이는 다음 사람에게 전달된다. 그 종이를 전달받은 사람은 최초의 아이디어를 바탕으로 그것을 보강한 새 버전을 만들 수도 있고, 완전히 새로운 아이디어를 고안할 수도 있다.

모든 사람이 자신의 생각을 적었을 때는 각각의 아이디어 종이가 완전히 한 바퀴 돌아서 최초로 아이디어를 낸 사람 손에 되돌아오게 된다. 그런 다음, 사람들은 이제 엄청나게 확대된 아이디어 뱅크 속에 들어 있는 여러 아이디어들을 평가한다. 그중 최고 아이디어가 선택되고 실행에 옮겨진다.

집단적 에너지를 분출시키는 브레인워킹

이 워크숍에 참석한 사람들은 선 채로 벽에 걸린 종이 위에 자신의 생각을 적는다. 참석자들은 자신에게 할당된 종이에 아이디어를 적은 후, 다음 종이로 이동한다. 모든 사람이 서 있는 상태이며, 각자의 아이디어는 누구나 볼 수 있도록 사방 벽에 붙어 있기 때문에 자연스럽게 집단적 에너지가 넘쳐 흐른다. 참석자들은 돌아가면서 서로 아이디어를 평가하고, 그런 다음 하루가 끝날 때까지 게시된 결과물을 실천에 옮긴다.

매티모어는 말한다.

"브레인라이팅(brainwriting)과 브레인워킹(brainwalking)은 많은 아이디어를 짧은 시간에 얻어낼 수 있는 효과적인 방법입니다. 모든 사람이 하나 내지 서너 가지 정도의 아이디어를 종이에 적습니다. 열 명이 15분이라는 짧은 시간 안에 각각 열 개의 종이를 받아들었다면, 그 집단은 100가지 이상의 아이디어를 고안한 셈이 됩니다."

실패가 없는 최악의 아이디어 방법

이 방법은 '역겨울 정도로 한심한 아이디어'를 고안해내는 것이다. 예를 들어 수프를 만드는 데 최악의 재료를 생각해본다. 돌멩이가 들어간 수프나 끈적이는 초록색 액체로 만드는 수프, 원숭이 눈꼽이나 콧물이 들어간 수프, 혹은 음식물 쓰레기로 만든 수프는 어떨까?

이 특이한 방법은 매티모어의 표현대로 말하자면 '창조적 작업에 대한 불안'에 시달리고 있는 집단에게 효과가 있다. 다시 말해 훌륭한 아이디어를 내겠다고 머리를 쥐어짜지만 별다른 성과가 없을 때 이 방법을 사용해본다.

매티모어는 말한다.

"이 방법은 절대로 실패하는 경우가 없습니다. 콧물 수프에 대한 아이디어를 듣는 순간 이 아이디어가 최악이 아니라고 말하지 않을 사람이 몇이나 되겠습니까?"

매티모어의 말에 따르면 훌륭한 아이디어를 얻기 위해서는 먼저 나쁜 아이디어도 무수히 내보아야 한다. 역설적이지만 문제를 드러내는 것은 종종 나쁜 아이디어들이다. 그것은 인습에서 해방된 파격적인 방식을 통해 위대한 발상으로 이끌어준다.

단어를 연상케 하는 아이디어 낚시법

이 방법의 핵심은 단어를 연상하는 데 있다. 다시 말해 새로운 아이디어가 솟아나오는 매개체로 단어를 이용하는 방법이다.

예를 들어 회사 내부에서 정보 교류를 활성화시킬 수 있는 새로운 방법을 찾는다면 '바디 랭귀지'나 '사랑' 같은 단어들이 실마리를 제공할 수 있을 것이다.

일단 여러 가지 핵심 주제와 관련된 비유, 연상되는 단어, 사례들을 20가지 정도 찾는다. 그 목록을 차트 위에 적어 사람들에게 원하는 단어를 고르게 한 후, 그 단어가 연상시키는 모든 아이디어를 적게 한다.

경이로운 결과를 가져오는 가상 여행

참석자들은 머릿속으로 표적 시장의 소비자가 되어 하루의 일상을 상상해본다. 매티모어는 이 훈련의 결과가 경이로울 정도로 놀랍다고 말한다.

"이 방법을 이용했던 사람은 누구나 객관적 사실이나 느낌, 문제점은 물론, 문제 해결을 위한 필요 조건 등 풍부한 정보를 얻을 수 있었습니다. 그 다음 우리는 그 정보를 이용해 새로운 제품과 서비스를 창조합니다."

여러분 자신이 '철물점을 찾는 손님' 처럼 표적 시장의 대표적인 소비자가 되어 그 손님의 하루를 마음속으로 경험해보라. 그 결과에 스스로도 놀랄 것이다.

무엇이든 가능케 하는 위대한 인물 역할극

참석자들이 저마다 아인슈타인, 디즈니, 모차르트 같은 위대한 인물들을 선택한다. 자신을 그 인물이라 가정하고 그들의 관점에서 정해진 개념이나 이론, 문제점, 과제 등에 접근한다.

이 방법을 변형한 또 다른 방법은 매티모어가 '초인 되어보기' 라고 명명한 것이다. 각각의 참석자들이 저마다 슈퍼맨이나 스파이더맨, 배트맨, 원더우먼 같은 초인을 선택한 후 마찬가지 방법으로 접근한다.

매티모어는 말한다.

"그들의 세계에서는 어떤 일이라도 가능합니다. 따라서 종종 초인적인 아이디어가 튀어나올 수도 있습니다."

새로운 상품 개발에 유용한 단어 조합법

참석자 그룹은 주어진 과제와 관련된 핵심·단어들을 선택한 다음, 그 단어를 명사, 동사, 형용사 같은 품사별로 분류한다. 이 방법은 각 단어를 조합해서 새로운 상표명을 고안하는 것이다.

예를 들어 새로운 고객 서비스 프로그램을 만든다고 하자. 그 프로그램과 관련된 단어들로는 '응답하다' 같은 동사, '전화' 같은 명사, '자동화된' 같은 형용사를 들 수 있을 것이다. 이 세 단어를 조합해 '응답하는 자동화된 전화' 라는 말을 만들 수 있다. 이 말은 음성 인식 컴퓨터를 이용해 고객의 요구에 즉시 응답하는 서비스를 표현하게 된다.

비범하고 극적인 사고를 이끌어내는 그림 자극법

매티모어는 말한다.

"아름다운 그림 속에 담긴 다양성과 풍부함은 독특한 방식으로 창조적 사고를 자극할 수 있습니다. 다른 훈련법과 비교가 안 될 정도로 효과적인 방법이죠."

참석자들에게는 시각적으로 강렬한 그림이 한 장씩 주어지는데, 사진보다는 광고나 창의적인 디자인 혹은 예술작품이 더 효과적이다. 그런 다음 진행자는 각각의 그림마다 아이디어를 세 가지씩 떠올려보라고 말한다.

"이 방법은 비범하고 극적인 사고를 이끌어냅니다. 일단 이 방법을 활용하는 사람들은 누구나 아무도 상상하지 못했던 기발한 것들을 생각해냅니다."

다른 아이디어를 자극하는 마인드맵

1960년경, 영국의 토니 부잔이 고안한 마인드맵(mindmap)은 핵심 단어, 다이어그램, 기호 등을 이용해 창조적 사고를 촉발시키는 방법이다.

먼저 특정한 문제나 과제를 대표하는 핵심 단어를 종이 한가운데 쓰고 그 단어 주위에 동그라미를 그린다. 그런 다음 원 안의 단어를 보고 마음에 떠오르는 새로운 단어들을 자유롭게 연상해 원 밖의 여백에 모두 적는다. 이제 서로 연관된 개념의 단어들을

한 줄로 연결한 후 한가운데 있는 동그라미에 연결시켜 나뭇가지
모양을 만든다. 종이 전체가 가득 찰 때까지 이 과정을 반복한다.
마지막으로 결과물을 쉽고 재미있게 기억할 수 있도록 마인드맵
에 임의의 기호를 덧붙인다.

이렇게 하면 대략 밑그림이 완성된다. 그런 다음 한 걸음 물러
서서 전체적으로 마인드맵을 바라본다. 머릿속에 떠올린 아이디
어들 가운데 중요한 것은 무엇이며, 신제품 개발에 도움이 되는
창의적인 부분에는 무엇이 있는지, 그리고 그 마인드맵이 어떤 다
른 아이디어를 떠올리게 해주는지 생각해본다.

두뇌를 자극하는 자르고 붙이기

매티모어는 이 방법이 아이디어의 씨앗을 아름다운 꽃으로 피어
나게 하는 데 특히 유용한 방법이라고 말한다. 제목이 암시하듯이
참석자들은 그들이 해결해야 할 과제를 생각하면서 그와 관련된
그림, 단어, 문장 등을 여러 종류의 잡지에서 오려서 하나의 커다
란 종이 위에 붙인다. 잡지는 시각적 자극이 풍부하고 주제가 다
양한 것일수록 좋다.

참석자들에게는 가위와 풀이 주어진다. 그들은 한 사람씩 혹
은 소규모 팀을 구성하여 사진과 글, 그림, 광고 등을 이용해 하나
의 이야기를 만들어나간다. 참석자들이 직접 쓴 글이나 단어, 그
림 등을 덧붙이는 것도 좋다. 참석자들은 이렇게 자르고 붙인 콜
라주가 완성되었을 때 그룹 전체에 공개한다. 이때 다른 사람들은
발표자의 콜라주에 새로운 아이디어를 덧붙인다.

매티모어는 이 방법이 효과적이고 재미있는 훈련법으로 두뇌

를 자극하고 생산성을 지속시켜 준다고 말한다.

모든 것은 엉뚱한 발상에서 시작된다

오늘날 우리는 통신위성을 당연한 것으로 간주한다. 하지만 한때 그것은 달 표면을 걷겠다는 것만큼이나 터무니없는 생각이었다. 통신위성은 영감에 사로잡힌 한 과학자가 낸 엉뚱한 발상에서 비롯되었다. 그는 일종의 그림 자극법을 통해 다른 과학자들이 공상 과학을 현실로 바꿀 수 있게끔 통로를 제공해주었다.

1945년 아서 클라크는 스물일곱의 나이에 《2001년 스페이스 오딧세이》를 발표함으로써 과학사에 통신위성을 발명한 실질적인 사람으로 기록되었다. 그의 아이디어는 수많은 과학자들의 상상 력을 자극했다. 그들은 새로운 아이디어로 그려낸 스냅 사진을 마음속 깊이 간직했고, 결국 클라크가 예언한 대로 지구 궤도를 도는 기계장치를 발명했다.

물리학자인 클라크는 할(HAL)을 발명했다. 할은 《2001년 스페이스 오딧세이》에 등장함으로써 세계 최고의 인기를 누리게 된 가상 컴퓨터였다. 오늘날 클라크로부터 영감을 받은 컴퓨터 과학자들은 할처럼 생각하고 말할 뿐 아니라, 심지어 인격까지도 갖춘 인공 지능 컴퓨터를 발명하기 위해 노력하고 있다. 클라크의 새로운 책 《3001년 마지막 오딧세이》는 또 다른 시대의 예비 과학자들을 탄생시키는 모태가 될 것이다.

매티모어는 클라크 같은 사람이 산업과 경제 등 다양한 분야에서 자유롭게 출현할 수 있도록 혼신의 힘을 다해 노력하고 있

다. 매티모어는 우리들 각자의 내면에는 클라크의 내면에 있는 것
과 똑같은 씨앗이 감춰져 있다고 믿고 있다. 클라크에게 영감을
주었던 바로 그 뜨거운 호기심과 상상력이 깨어난다면 우리는 아
무런 주저 없이 '이렇게 하면 어떤 결과가 나올까?' 라는 질문을
던져볼 수 있을 것이다.

직관력으로 승부하라

창조성이 삶을 찬란하게 비춰주는 태양이라면 직관은 은밀한 빛으로 삶을 적셔주는 달빛이다. 창조성과 직관은 음양이 조화되듯이 서로를 훌륭하게 보완해준다. 사업에서 창조적 정신은 곧 직관적 정신이며, 그 무엇으로도 직관의 힘을 가로막을 수는 없다.

최고 경영자일수록 직관에 따라 판단한다

호텔업계의 거물 콘라드 힐튼이 이제 막 사업을 시작하던 초창기에 있었던 일이다. 그는 시카고의 한 호텔 경매에 참가했다. 입찰에 나서기 직전 섬광과도 같은 직관이 그의 머리를 스쳤다. 그는 회상했다.

"처음에 준비한 입찰 금액은 16만 5000달러였습니다. 서둘러 결정해서 그랬는지 적절한 액수가 아니라는 생각이 뇌리에서 떠나지 않더군요. 머릿속에서는 계속 다른 숫자가 맴돌고 있었는데, 18만 달러였습니다. 그 금액이라면 여러모로 적당하리라는 생각이 들었어요. 나는 직감에 따라 마음을 바꾸었습니다. 낙찰이 된 후, 바로 다음 순위 입찰액이 17만 9800달러였다는 사실을 알았습니다.”

맥도날드의 창립자인 레이 크록은 밀크셰이크 믹서기를 파는 세일즈맨으로 일했다. 1952년 맥도날드 브라더즈 레스토랑에 믹서기를 배달하던 그는 갑자기 강렬한 직관에 사로잡혔다. 패스트푸드 햄버거가 바로 미래를 뒤덮는 파도가 될 것이라는 강력한 예감이었다. 그 순간 그는 맥도날드 브라더즈 레스토랑을 매입하기로 결정했다. 그 후 맥도날드는 괄목할 만한 성장을 이루고 오늘날 세계적인 기업으로 발전하게 되었다.

소니의 마케팅 부서와 세일즈 부서 직원들은 ‘워크맨’이 사상 최대의 실패작으로 끝날 것이라는 보고서를 아키토 모리타 사장에게 끊임없이 올렸다. 그러나 자신의 직감을 굳게 믿었던 아키토 모리타는 주변의 온갖 반대를 무릅쓰고 워크맨을 출시했다. 워크맨은 사상 최대의 성공작이 되었다.

에드윈 랜드는 해변에서 어린 딸과 함께 사진을 찍고 있었다. 딸이 갑자기 그를 쳐다보면서 말했다.

“아빠, 찍은 사진을 당장 볼 수 있으면 좋겠어요.”

랜드는 결국 그 자리에서 즉석으로 사진을 인화할 수 있는 장치를 만들었다. 그렇게 해서 폴라로이드 랜드 카메라가 탄생했고, 결국 사진 역사상 가장 위대한 사건으로 기록되었다.

NBC 전 사장 그랜트 팅커는 오래전부터 직관의 가치를 굳게 믿고 있어서 다음과 같은 말을 하기도 했다.

"지도자는 때때로 결단력을 발휘해 눈을 질끈 감고 점프할 수 있어야 한다."

팅커의 뛰어난 직관력 덕분에 NBC는 여러 번 기록적인 시청률을 기록할 수 있었다.

크라이슬러의 전 사장인 아이아코카는 자신을 현대 미국의 대표적인 미니 밴 '무스탕'의 아버지라고 생각한다. 그는 항상 마음의 소리에 귀를 기울인다. 그는 말한다.

"저는 항상 어느 정도 본능적인 느낌에 따라 경영을 합니다."

아이아코카는 자신의 적극적인 창조성과 예민한 직관력으로 자동차 산업에 새로운 전기를 마련할 수 있었다.

성공한 이민자로 현재 인터넷 스톡 마켓의 사장이 된 타키 키라카이드는 말한다.

"직관은 악보 없이 피아노를 치는 것과 같습니다."

직관은 악기 연주와 같아서, 조금씩 발전해 나가다가 완벽해질 수 있다는 것이 그의 믿음이다. 그는 직관의 힘 덕분에 성공했다고 말한다.

컴퓨터 게임 회사인 리얼리티 바이츠의 사장인 존 체이트는 경영의 과학적 원리를 굳게 확신하고 있는 사람이다. 그러나 그는 또한 직감이 경영에서 분석만큼이나 중요한 요소라고 믿고 있다.

"모든 최고 경영자들, 특히 기업가들은 직관을 믿어야 합니다. 낯선 고장에서 운전을 할 때 우리는 여러 도전에 직면합니다. 그때마다 본능적인 직감에 따라 방향을 결정할 수밖에 없습니다."

체이트의 주장을 뒷받침하는 과학적인 연구가 있다.

문학박사로 전직 교수이자 후에 컨설팅 리서치 그룹의 사장이
된 웨스턴 아고르는 1만 명 이상의 기업 간부들을 대상으로 직관
력을 테스트해본 결과, 놀라운 결론을 얻을 수 있었다. 직위가 높
은 경영자일수록 해결책을 꿰뚫어보는 원시적 능력이 발달했으
며, 중요한 결정을 할 때는 직관에 많이 의존한다는 사실이 실험
을 통해 밝혀진 것이다.

이처럼 모험적인 사업을 할 때 직관은 대부분의 기업인들이
생각하는 것보다 훨씬 더 중요한 요소로 작용할 수 있다. 뮤렌베
르크대학 경영학 교수인 샌디 바인베르크 박사는 말한다.

"내가 인터뷰를 했던 중역들은 누구나 자신의 결정에 대해 전
문적인 이유를 제시했습니다. 그러나 직관에 기초해 먼저 결정을
내린 후에 그 결정을 정당화할 수 있는 전문적 이유를 찾아낸 것
이었습니다."

직관력을 개발하는 기술

《석세스》지는 직관력을 가진 사람들이 어떤 특징을 보여주는지를
폭넓게 조사한 다음, 전문가들이 제안하는 직관력 개발 방법을 다
음과 같이 정리했다.

정보를 탐식하라

우리 두뇌는 강력한 인터넷 데이터 베이스처럼 기가 바이트가 넘
는 무한대의 정보를 잠재의식 속에 담을 수 있는 광대한 정보 저
장고이다. 컨설팅 기업인 글로벌 엔터프라이즈 그룹의 사장 버지

니아 리틀존은 말한다.

"나는 정보의 바다에 빠져 있으며, 매일 다양한 뉴스와 개념들, 여러 사건들로 나 자신을 융단 폭격한다. 손에 넣을 수 있는 모든 정보가 나의 사냥감이다."

그녀는 광대한 바다에서 필요한 정보만을 끌어올려 지식을 생산하고, 그것을 바탕으로 창조적인 결정을 내린다.

전문 분야의 경계를 뛰어넘어라

골드 마인 소프트웨어를 공동 창업한 존 페라라는 1989년 회사를 창업할 당시, 수중에 단돈 3000달러와 '직관적 도약력' 밖에는 가진 것이 없었다고 회상한다.

"나에게는 풍부한 정보가 있었습니다. 그러나 그 전문적인 정보 못지않게 도움을 주었던 것은 경제나 컴퓨터와는 아무 관련이 없는 동양철학과 요가였습니다. 그리고 《싯다르타》,《어느 요가 수행자의 자서전》 같은 책을 읽은 것도 소중한 경험이었습니다."

고대로부터 내려온 지혜와 현대과학을 결합하라. 직관을 해방시킬 때 어느덧 당신은 보물상자 위에 앉아 있는 자신을 발견하게 될 것이다.

두뇌를 최대한 사용하라

21세기 리얼 이스테이트의 공동 창업자이자 소프트웨어 회사의 최고 경영자이기도 한 마쉬 피셔는 말한다.

"화장품 회사에서 새로 출시할 주름살 방지 크림의 이름을 내일까지 정해야 한다고 합시다. 우선 사람들은 주름살과 관련된 단어나 개념, 예를 들어 '지친 피부' 같은 것을 떠올리게 될 것입니다. 다음으로 '젊은 피부'를 떠올릴 수 있겠죠. 젊다는 것은 무엇입니까? '건강함'과 '활력'을 의미하죠. 자, 이렇게 해서 더 이상 떠오르는 단어가 없을 때까지 목록을 작성해봅시다.

그 다음에는 똑같은 과정을 거쳐 크림과 관련된 단어의 목록을 작성해보십시오. 그런 다음 두 목록을 놓고 단어들을 다시 배열해봅니다. 이제 직관적으로 번뜩이는 아이디어가 떠오르게 될 것입니다."

동전을 던져보라

어려운 결정을 해야 하는 상황이라면 동전을 던져보라. 그리고 어떤 느낌이 드는지 주목해보라. 흥미롭게도, 만약 당신이 즐거운 기분을 느꼈다면 동전 던지기 결과에 대한 신빙성은 더욱 높아질 것이다. 왠지 동전 던지기 결과가 만족스럽지 않다는 느낌이 든다 해도 자신의 직관력을 들여다볼 수 있는 새로운 일을 경험한 셈이다. 우리 모두에게는 살아 숨쉬는 직관이 내재해 있다. 동전 던지기를 통해 직관이 잠시 모습을 드러내는 순간 우리는 잠재능력이 가르쳐주는 중요한 비밀을 들을 수 있다.

몸이 말하는 것에 귀기울여라

번뜩이는 직관의 힘을 자주 경험하는 사람들은 발견이나 각성의 순간, 전류가 온몸을 관통하는 것처럼 찌릿찌릿한 느낌을 받는다고 말한다. 단순한 흥분이나 마음의 동요, 설렘 때문에 그런 느낌이 올 수도 있다. 그러나 몸에서 이런 현상이 일어난다는 것은 부정할 수 없는 객관적 사실이다. 우리의 몸은 이를 통해 한 걸음 물러서서 만물의 움직임에 주의를 기울이라는 징후를 보여주는 것인지도 모른다.

열심히 운동하라

운동이라는 단순한 활동이 잠재의식을 자유롭게 해방시켜준다고 믿는 연구자들도 있다. 《직감을 믿으라! 성공을 위해 직관을 개발하고 이용하는 실용적 방법》의 저자 리처드 콘티노는 말한다.

"육체적 활동은 그 어떤 것이든 간에 마음의 평정을 가져다주는 효과가 있습니다. 가령 조깅을 하거나 헬스 클럽에서 운동을 할 때는 직관적 사고를 막는 불안의 에너지가 배출됩니다."

바로 이것이 '머리가 맑아진다'는 말로 표현할 수 있는 운동의 효과이다. 머리가 맑아졌을 때 비로소 사람은 바르게 판단하고 바르게 해석할 수 있다.

조용히 눈을 감고 명상하라

노련한 증권분석가이자 스테이튼 투자 관리 회사의 회장인 빌 스테이튼은 조용히 앉아서 눈을 감는 자세가 자신이 성공하는 데 큰 도움을 주었다고 말한다.

"그 방법으로는 한번도 실패한 적이 없습니다. 언제나 찾고 있던 해답이 떠오릅니다. 마치 매수하거나 매수하지 말라는 글자가 커지고 꺼지는 네온사인처럼 선명하게 보입니다."

이 간단한 방법이 실제로 얼마나 효과적인가를 입증하기 위해 스테이튼은 하나의 방법을 가르쳐준다. 포트폴리오를 구성해서 눈을 감고 해답을 떠올린 후 모의로 투자하고 수익률을 확인해보는 것이다. 직관력을 높이고 싶은 사람들은 침묵과 명상의 힘이 얼마나 놀라운지 몸소 체험할 수 있을 것이다.

샤워로 여유를 찾아라

샤워를 하면 긴장이 풀리고 마음이 편해지면서 여러 생각들이 자연스럽게 떠오른다. 몸이 기분 좋게 이완되는 동시에 마음에도 자유가 찾아올 것이다. 이런 순간이야말로 어디에도 얽매이지 않은 느긋한 마음으로 몸과 마음이 쉴 수 있는 때이며, 우리 안에 잠들어 있던 창의력과 직관력이 꿈틀거리는 때이다.

한 대기업의 고위직 간부인 내 친구는 사무실에 샤워 부스를 설치했다. 그는 샤워를 할 때 얻을 수 있는 효과가 너무나 커서, 설치 비용 2만 5000달러에 비할 수 없는 수백만 달러의 가치가 있다고 주장한다.

내면의 목소리를 믿어라

다음은 타키 키라카이드가 회고한 말이다.

"《월 스트리트 저널》을 읽는데 모르는 단어가 나왔습니다. 그때 옆에 놓여 있는 계산기가 눈에 띄었죠. 나는 이 기계가 단어를 번역할 수 있으면 좋을 텐데 하는 생각을 했습니다."

이렇게 해서 최초의 포켓용 전자 번역기인 렉시콘이 탄생할 수 있었다. 몇 년 후 인터넷 스톡 마켓의 사장이 된 키라카이드는 또다시 내면의 목소리를 듣고 세계 최초의 광학 스캐너를 생산할 수 있었다.

그 후에도 그는 직관의 가르침에 따라 침몰한 유람선을 90만 달러에 매입했고, 배를 건져올린 다음 완벽하게 수리해서 리젠시 크루즈 라인이라는 이름으로 선보였다. 4년 후 그 배는 세계 6위의 유람선이 되었다.

행동하기 전에 숙고하라

직관적 발상을 떠올렸다면 그 생각을 아무 성과 없이 흘려버리지 않겠다고 결심하면서 조금만 더 생각하고 연구해보라. 다음은 신시아 에크버그 타이가 뉴욕에 건강 엑스포를 개최하겠다는 아이디어를 얻게 된 방법이다.

"어느 날 신문을 읽다가 라스베이거스에 있는 컴퓨터 전시장인 컴덱스가 한 일본인에게 8억 달러에 팔렸다는 기사를 보았습니다. 그 순간 밝은 빛이 머릿속을 비추는 듯한 느낌이 들면서 건강 산업 엑스포를 개최하는 건 어떨까 하는 생각을 했습니다."

첫번째 과제는 이전에 건강 엑스포가 열린 적이 있는지를 확인하는 것이었다.

두번째 과제는 건강 관리 산업, 대형 전시장, 건강 엑스포 같은 사업을 기획하고 마케팅하는 데 어떤 요소들이 필요한지 연구하는 것이었다.

그녀는 1995년 사업 시작 첫해에 관람객 2만 명을 불러모으는 대성공을 거두었다.

적당한 동업자를 찾아라

직관적인 사람에게는 숫자에 민감한 계산적이고 분석적인 사람이 필요하다. 직관적인 사람은 거시적인 것만을 생각하는 경향이 있기 때문에 이처럼 분석적인 동업자는 세부적인 일 진행에 큰 도움을 준다.

컨설턴트 웨스턴 아고르는 경고한다.

"당신이 직관적인 사람이라면 반드시 분석적인 사람과 한 팀을 이룰 필요가 있다. 분석적인 사람은 종종 당신이 보지 못하는 것을 본다. 항상 그들의 말에 귀를 기울이도록 노력하라."

자신에게 한번 물어보자. 나는 창조적인 사람인가? 나는 사물을 다르게 보고, 대담하게 행동하며, 새로운 방식으로 사고하기 위해 노력하는가? 그렇지 않다는 대답이 나온다고 해도 걱정할 필요는 없다. 이런 질문만으로도 창조성을 향상시키는 데 기폭제가 될 것이다.

나는 직관적인 사람인가? 이 물음에 정답은 없다. 정도의 차이가 있을 뿐이다. 직관적인 사람처럼 생각하려는 마음가짐이 당신의 인생과 사업을 새로운 차원으로 끌어올려주는 출발점이 될 것이다.

앞서 언급한 직관력 개발 방법대로 실천해보라. 그리고 창조성과 직관적 능력을 결합시킬 수 있도록 노력해보라. 그 결과는 상상할 수 없을 정도로 놀라울 것이다.

성공한 사람들에게는 특별한 것이 있다

리처드 오스트는 거대 제약회사의 관료적이고 타성에 젖은 분위기가 싫어 회사를 뛰쳐나와 필라델피아의 가난한 동네에 작은 가게를 사서 약국을 개업했다. 그로부터 불과 몇 년 후 그는 새로운 약국 경영 방법을 창조했을 뿐 아니라 지역사회 발전에 기여하는 유력 인사가 되었다. 그의 약국은 미국 약국의 평균 매출액보다 네 배나 높은 매출액을 기록했다. 그는 이제 실업계의 거물들에게 경영 노하우를 가르치고 있다.

직장과 시장을 변화시키는 사람들

불과 160센티미터가 채 안 되는 키였지만 당찬 모습의 샤를린 페드롤리는 버지니아 서부에 있는 가구회사인 로우 퍼니처의 공장 책임자로 부임했다. 그는 이후 공장 전체를 철저히 개선해 괄목할 만한 성과를 보여줌으로써 한 가지 사실을 분명하게 입증했다. 그 것은 기업을 경영할 때 다양한 지식과 오랜 관행, 전통적인 제조 법, 경영학 박사들이 제시하는 대안을 모두 합치더라도 보통사람 들이 내놓는 창조적 에너지에 비하면 턱없이 모자란다는 사실이 었다.

트럭의 차대를 생산해서 토요타에 납품하는 캘리포니아 다나 코퍼레이션의 공장장은 해마다 계약 가격이 떨어지는데도 직원들 의 임금을 삭감하거나 품질이 저하되는 일 없이 납품할 수 있는 방법을 찾아내야만 했다. 그래서 그는 끊임없이 새롭고 창조적인 개선책을 찾아내 현장에 적용시킬 수밖에 없었다.

사업 현장에서 들려오는 이같은 이야기들은 토머스 페트징어 주니어의 《미지의 개척자들 : 직장과 시장을 변화시키는 사람들》 에서 자세히 찾아볼 수 있다.

페트징어는 오늘날의 비즈니스 현실이 급격히 변화되는 혁명 과도 같은 상황에 처해 있다고 주장한다. 따라서 비즈니스의 형태 는 지금까지와는 전혀 다른 양상을 보여주고 있으며, 비즈니스는 법칙에 따라 시계추처럼 움직이는 뉴튼식 기계가 아니라 살아 있 는 생물처럼 작용하는 유기체라는 것이 이 책의 핵심이다. 비즈니 스의 본질은 선택과 발명, 유연성이며, 산업 시대를 모델로 한 법 칙과 규제는 서비스와 정보, 기술화 시대에는 더 이상 적합하지 않다고 주장한다.

페트징어는 걸프전 이후 본격적으로 신경제가 시작되었다고 말한다. 전세계 기업들이 투자와 지출을 중단한 시점이었다. 우울 한 경기 침체가 계속되었고, 이전에는 찾아볼 수 없었던 두 가지

현상이 두르러지기 시작했다.

　첫째, 기업은 사람들을 대량으로 해고했고, 그들을 다시 채용할 의사를 전혀 보여주지 않았다.

　둘째, 직장을 잃은 사람들은 대개 중간 관리자 계층으로, 대다수가 화려한 경력과 실적을 자랑하던 사람들이었다.

　기업이라는 나무를 흔들어 그 많은 사람들을 땅으로 끌어내렸던 손은 바로 미국 전역에 창조성의 씨앗을 뿌려준 손이기도 했다. 이렇게 흩어진 에너지들은 결국 수백만 신생 기업체들 속에 뿌리를 내리고 이 세상을 더욱더 흥미롭고 활기찬 곳으로 변화시키기 시작했다. 호수에 파문을 일으키는 돌멩이 같은 사람이 되고 싶다면 지금처럼 좋은 기회도 없을 것이다.

현장에서 발휘되는 창의성과 독창성

페트징어가 서술한 수많은 신생 기업가들처럼 약사 오스트의 경우에도 성공의 열쇠는 오랜 관행과 통념이 아닌 현장에서 발휘되는 창조성과 독창성에 있었다. 오스트는 성공의 관건이 흑인이나 남미 출신의 히스패닉들과 원만한 관계를 유지하는 데 달려 있다고 보고, 컴퓨터에 데이터 베이스화되어 있던 1000가지가 넘는 처방전을 모두 스페인어로 번역했다. 그 사려 깊은 아이디어 하나 덕분에 그의 사업은 폭발적으로 성장할 수 있었다.

　오스트는 또한 단골 고객들을 확보하기 위해 그 지방 출신 사람들을 고용해 지역 스포츠팀의 재킷을 입혔고, 다른 약국의 종업원들은 생각조차 할 수 없는 가족 의료 혜택, 이윤 분배, 판매량에 따른 인센티브 지급 등을 실시했다. 이와 동시에 비용 절감을 위해 꾸준한 노력을 멈추지 않고 2주일에 한번씩 직원회의를 열어 재무 결과를 검토하며 이윤 증가 방법을 찾았다.

그의 약국 사업은 곧 확대되었고 매장은 세 개로 늘어났다. 오스트는 비즈니스 컨설턴트로 변신하여 제약 판매업에 종사하는 많은 사람들에게 종업원과 고객들을 감동시키고 만족시킬 수 있는 방법을 가르치기 시작했다. 오스트가 자신의 사업체를 라이트 에이드에 매각했을 때, 초기 투자액 1만 달러로 시작한 사업은 연간 500만 달러라는 막대한 수입을 기록하고 있었다. 이 과정에서 그가 기존의 종업원들에게 상여금과 그밖의 인센티브를 제공했음은 물론이다.

상호작용으로 증폭되는 창의성의 시너지 효과

로우 퍼니처의 책임자로 부임해 새로운 일을 시작하게 된 샤를린 페드롤리는 자신에게 부여된 과제가 얼마나 힘든 것인지를 곧 깨달을 수 있었다. 로우 퍼니처가 자체 조사한 통계 자료에 따르면 고객들은 예전보다 훨씬 더 성급하고 충동적이었다. 고객들은 맞춤가구를 원했고 또 그 디자인을 즉시 확인하기 바랐다.

그래서 로우 퍼니처는 가구 매장에 컴퓨터 터치 스크린을 설치하고 고객들이 직접 원하는 가구를 디자인하도록 했다. 그런 다음 샤를린을 종업원이 500명 정도 되는 가구 공장의 책임자로 부임시켰다.

샤를린은 낡은 조립 라인으로 가구를 제작하는 기존의 방법으로는 더 이상 공장을 운영할 수 없으리라 판단했다. 그녀는 즉시 작업 규칙서를 내던지고 완전히 처음부터 다시 시작했다. 그 다음부터 벌어진 상황은 너무나 혁명적이고 혼란스러운 것이었기에 어느 누구도 공장이 제대로 운영되리라고 확신할 수 없었다.

그녀가 맨 처음 실시한 일은 각 생산 라인의 모든 감독직을 폐지하는 것이었다. 그리고 종업원들은 자기가 속하지 않은 다른 부서의 일을 배우기 위해 집중 훈련을 받아야 했다. 샤를린은 종업원 스스로 소집단을 구성하도록 지시했고, 각각의 소집단이 생산 라인을 직접 책임지게 했다. 한동안 많은 혼란과 좌절, 실수가 잇따랐다.

그러나 몇 주 후 아수라장이 된 현장에서 놀라운 일이 발생했다. 부품들이 제자리를 찾기 시작했고, 고객이 주문한 가구는 주문 접수 30일 안에 완성되었다. 그리고 두 달이 지나자 열흘 안에 배달까지 완료되었다. 리드 타임(lead time : 기획에서 제품화까지 혹은 발주에서 배달까지의 소요 시간)이 최고 6개월까지 소요됐던 과거에 비하면 놀라운 변화가 아닐 수 없었다.

페트징어는 로우 퍼니처의 사례가 상호작용을 통해 유지되는 인간사회에서 창의성의 위력이 얼마나 대단한 것인지를 잘 보여주고 있다고 말한다. 이 사례는 우리들에게 다음과 같은 사실들을 시사해준다.

첫째, 효율성은 인간 고유의 본성이다.

둘째, 사람은 어느 누구라도 선천적으로 생산적이다.

셋째, 미래에 대한 비전으로 고취되고, 적절한 도구가 갖추어져 있으며, 주어진 작업에 대한 정보를 획득할 수만 있다면 인간은 누구나 기대했던 것보다 훨씬 더 훌륭한 성과를 이루어낸다.

창의적인 사람을 관리자로 선택하라

다음으로 페트징어는 다나 코퍼레이션의 경영자인 마크 슈민크의 이야기를 들려준다. 그는 첫 직업인 건축업을 그만둔 후 캘리포니아 스탁턴에 있는 공장을 운영하면서 토요타 트럭의 차대를 생산하는 일에 모든 것을 쏟아부었다. 슈민크 역시 사업에 성공하기 위해서는 새로운 아이디어가 필요하다는 사실을 뼈저리게 느끼고 있었다.

그는 공장 전체를 직접 조직하고 운영·관리해야 했으며, 매년 계약을 갱신할 때마다 토요타가 요구하는 가격 인하에 대처해야 했다. 게다가 계약 가격을 인하한다고 해서 종업원들의 임금을 내릴 수도, 품질을 떨어뜨릴 수도 없는 노릇이었다. 슈민크는 그때 삶에서 가장 힘든 도전과 직면하게 되었다. 그러나 당면한 문제를 해결하기 위해서는 해마다 자신의 경영 성과를 지속적으로 향상시켜 나가야 한다는 사실을 슈민크는 잘 알고 있었다.

낡은 습관이 창조적 사고를 가로막는다는 사실을 잘 알고 있었던 슈민크는 전혀 경험이 없는 용접공들을 고용하기 시작했다. 다양한 관점에서 나올 수 있는 새로운 방법들을 원했던 그는 가능한 한 다양한 배경을 가진 300명의 초보자들을 골고루 섞어 여러 그룹으로 나누었다. 그들의 국적을 모두 합하면 19개국이 넘었다.

그는 공장 안에 도서관을 만들어서 다양한 연구 자료와 정기 간행물들로 가득 채웠고, 근로 의욕을 고취시킬 수 있는 내용이 담긴 비디오 테이프들을 비치하기도 했다. 또한 모든 종업원들에게 매달 생산성 향상을 위한 아이디어를 두 가지 이상 보고서로 제출할 것을 지시했다. 때로 근로 조건 향상을 요구하는 보고서도 있었지만, 슈민크는 그 또한 생산성 향상을 위해 충족시켜야 할 부분이라는 사실을 잘 알고 있었다.

그는 종업원들이 내는 제안에 빠짐없이 응답했으며, 공장 안에 대형 전자 스코어 보드를 설치해놓고 변화하는 생산 실적을 눈으로 확인할 수 있게 했다. 그리고 생산 기록을 경신하는 팀이 나올 때마다 바비큐나 음료수 파티 같은 이벤트를 열어 신기록 달성을 축하하곤 했다. 이렇게 함으로써 토요타와 다나 코퍼레이션, 종업원들 모두가 만족스러운 결과를 얻을 수 있었다.

슈민크는 우리 모두가 알고 있는 사실을 다시 한번 입증해주었다. 새로운 아이디어와 해결책을 가진 창조적이고 자발적인 사람을 관리자로 선택하라. 그런 다음 그에게 모든 일을 맡기고 더 이상 아무것도 간섭하지 마라.

페트징어는 또 자칭 '물개 인간'이라는 제리 휘트락에 대해 이야기해준다. 그는 조지아의 스탁턴에서 개스킷(gasket : 실린더 이음매나 파이프 접합부를 메우는 데 쓰는 얇은 판 모양의 패킹)을 공급하는 자영 판매업자이다. 전문가들은 첨단산업에서 중간 관리자들이 밀려나게 될 시기가 왔다고 입을 모았다. 하지만 휘트락을 비롯한 수천 명의 창조적인 사업가들은 전문가의 예언이 틀렸음을 입증했을 뿐 아니라, 오히려 그들을 내몰았던 첨단기술을 이용해 새로운 사업을 구상했다.

페트징어의 표현에 따르면, 그토록 정열적인 개스킷 판매원은 전무후무했다고 한다. 휘트락은 자신이 21세기 정보통신계의 람보라도 된 듯, 양 손에는 휴대용 전화기를 들고 허리띠에는 무선 호출기를 장착했으며, 이메일과 초고속 팩스 시스템으로 동시에 수십 명의 고객들에게 응답할 준비를 하고 있었다. 뿐만 아니라 자신의 트럭 운전대 위에는 휴대용 컴퓨터를 설치했다.

물개 인간은 이처럼 요란한 전자장비들을 충분히 활용함으로써 제너럴 일렉트릭이나 제너럴 모터스와 같은 절대 강자들과 당당히 경쟁을 해나갔다. 오늘날 그와 그의 아내는 더블린, 싱가포르, 스웨덴, 칠레, 멕시코 등에서 수시로 주문을 받고 독일, 베네주엘라, 아일랜드, 오스트레일리아, 오스트리아 등에서 수시로 제품을 구입한다. 휘트락은 기술 진보로 인해 도태되기는커녕 그 기술을 이용해 뛰어난 관리자가 되었고, 미지의 세계를 개척하는 사람들의 반열에 오르게 되었다.

진취적인 사람들은 기회를 놓치지 않는다

같은 시기에 클리블랜드 소하이오에서는 캐롤 라탐이라는 도전적 성향을 지닌 과학자가 연구에 몰두하고 있었다. 그녀에게 주어진 과제는 세라믹 소재를 이용해 컴퓨터 칩 같은 전자장치의 과열을 방지하는 것이었다. 세라믹은 훌륭한 단열재였으나 깨어지기 쉽고 주조하기 어렵다는 단점이 있었다. 고민하던 캐롤에게 어느 날 섬광과도 같은 아이디어가 떠올랐다.

'세라믹과 플라스틱을 합성하면 어떻게 될까?'

캐롤 라탐은 이 훌륭한 아이디어로 완벽한 제품을 제작하겠다는 구상을 했다. 그러나 다른 연구자들과 실험실 동료 가운데 어느 누구도 그녀의 아이디어에 관심을 기울이지 않았다. 기대하지 못했던 반응이었다. 그녀가 여성이라는 사실이 눈에 보이지 않는 걸림돌로 작용했던 것이다. 캐롤은 회상했다.

"더 이상 어떻게 해볼 도리가 없었어요. 그래서 결국 사표를 냈지요."

그것은 그녀가 인생에서 최고로 잘한 결정이었다.

캐롤은 집 거실에 있는 탁자를 작업대로 바꾼 다음, 값싼 물건들을 사들여 전자장치의 성능을 향상시키는 값비싼 상품으로 가공하기 시작했다. 곧이어 물류센터의 작은 공간을 빌려 사무실을 차리고 회사 이름을 '열이 사라진다'는 뜻을 지닌 '써마곤'이라 지었다. 그런 다음 자신이 만든 상품을 선전하는 전화를 도처에 걸었으며, 법률 대리인을 고용했다.

최초로 주문이 들어온 곳은 IBM이었다. 뒤이어 실리콘 그래픽스, 에이비드 엔지니어링, 그밖에 수많은 업체에서 주문이 쇄도했다. 인텔은 펜티엄 프로세서를 내장한 노트북 컴퓨터 생산업체들에게 그녀가 만든 제품을 추천했다.

1990년대 말, 캐롤은 백만장자 대열에 올라섰다. 그녀는 두 아들을 포함한 직원 18명으로 연간 매출액 1000만 달러나 되는 사업체를 운영했고, 연간 성장률 200퍼센트를 기록할 정도로 승승장구했다. 그러나 그것은 시작에 불과했다. 캐롤 라탐과 같은 진취적인 사람들은 기회만 오면 언제든 적시타를 날린다. 그리고 그 기회는 종종 새로운 기술과 함께 찾아온다.

대학교수로 일하던 모리스 셰퍼드는 커피 한잔을 마시며 읽은

《뉴욕 타임즈》 속에서 기회를 찾은 사람이다. 그는 잡지를 읽다가 제록스 복사기를 이용해 값싸고 빠르게 소책자를 만들어낼 수 있다는 짤막한 기사를 보게 되었다.

'바로 이거다!'

그 순간 셰퍼드는 자신 앞에 펼쳐진 장밋빛 미래를 보았다. 교수들은 학생들에게 나누어줄 방대한 자료를 정리할 때마다 골머리를 앓았는데, 셰퍼드는 이 문제를 일시에 해결해줄 아이디어를 생각해낸 것이다.

페트징어는 《미지의 개척자들》에서 셰퍼드가 어떻게 북 테크를 설립했는지 자세히 설명하고 있다. 그는 스캐너와 컴퓨터 시스템을 이용해 조판 사이즈를 규격화한 다음, 주문 책자를 인쇄해서 학생조합이나 서점으로 발송하기 시작했다.

소문은 빠르게 퍼져나갔다. 주문이 너무 많이 밀려드는 바람에 셰퍼드는 오러클 데이터 베이스라는 시스템을 설치해 고객들이 직접 책을 디자인할 수 있도록 했다. 이제 북 테크는 반즈&노블 서점에서도 주문 책자를 하청받아 생산하기 시작했고, 셰퍼드 교수는 어엿한 사업가로 변모했다.

다양한 고객의 요구를 충족시켜라

고객들에게 원하는 것을 준다는 것은 벤처기업들이 경쟁에서 우위를 확보할 수 있는 중요한 요소로 작용한다. 한 예로, 오하이오의 빌 더들스톤은 1980년대 초부터 장인의 차고에서 스테레오 스피커를 만들기 시작했다. 그는 전축 애호가들을 대상으로 한 잡지

《오디오파일》에 광고를 실어 그들이 원하는 것이 무엇인지 알아
낸 다음, 어떤 제품이 애호가들의 호응을 이끌어낼 수 있을지 궁
리했다.

　　마침내 그가 전축 애호가들의 취향에 딱 맞는 특별한 스피커
를 생산하자 정교한 부분까지 제품을 개선시켜 달라는 고객들의
편지가 쏟아지기 시작했다. 그는 고객들이 보내온 아이디어 하나
하나를 소중하게 생각하고 차세대 스피커를 창조하는 데 반영했
다. 《오디오파일》은 폭발적인 관심을 보여주었으며 더들스톤에서
생산한 스피커는 전 세계, 특히 일본에서 열광적 지지자들을 확보
하게 되었다.

　　마이크 시니야드는 캘리포니아의 산 호세에서 스페셜라이즈
드 바이시클 콤포넌츠를 창업했다. 그는 산악 자전거를 널리 보급
하겠다는 포부를 안고 1980년대부터 디자인과 품질이 뛰어난 산
악 자전거를 생산하기 시작했다. 그는 우수한 판촉팀을 이끌고 제
품 홍보에 들어갔다. 그런데 당시 자전거 업계의 선두주자였던 슈
윈 같은 대형 업체들이 스페셜라이즈드를 경계하며 케이마트를
비롯한 대형 매장을 독점하려 했다.

　　따라서 시니야드는 소규모 전문 대리점을 주력 시장으로 한다
는 전략을 세우고 대리점 점주들로 구성된 고문단을 구성해 경쟁
에서 이점을 확보했다. 점주들은 마이크에게 고객들의 반응을 즉
시 알려줄 수 있었고, 이에 따라 고객이 원하는 사항을 곧바로 제
품 생산에 반영할 수 있었다. 그 결과 자전거 품질은 끊임없이 향
상되었고, 회사는 쉴 새 없이 성장해 나갔다. 결국 회사는 연간 매
출이 2억 달러가 넘는 주목받는 기업으로 성장했다.

때로는 유행을 따르지 않고 흐름에 거스르는 것 자체가 성공의 열쇠가 될 수도 있다. 스티브 보슬리는 콜로라도의 보울더에 작고 아담한 보울더 은행을 창업해 지역 명소로 발전시켰다. 고객들이 차를 탄 채 은행 업무를 볼 수 있게 하고, 서비스를 하루 24시간으로 늘린 것이 결정적 성공 요인으로 작용했다. 보울더 은행은 해가 지면 문을 닫아버리고 현금 자동지급기만 몇 대 가동시키는 다른 은행들과는 달리 대조적인 모습을 보여주었다. 이로 인해 은행은 고객들에게 열띤 호응을 받았다.

또한 보슬리는 '보울더 달리기 대회'라는 10킬로미터 단축 마라톤 대회를 개최했다. 그 대회가 세계적으로 유명해지는 바람에 보울더 은행은 지도 위에 자신의 이름을 새길 수 있게 되었다. 그밖에도 콜로라도대학의 미식축구 팀이 전국대회에서 우승하자 몇 가지 양도성 정기예금을 계약하면 이자의 4분의 1을 추가로 주겠다고 제안해 막대한 금액의 예금을 유치하기도 했다. 결국 보울더 은행은 미국 지방 은행 가운데 가장 수익성이 높은 은행으로 인정받게 되었다.

고정관념을 버리고 발상을 뒤집어라

기업을 최정상으로 끌어올리기 위해서는 지금까지 해온 것을 고스란히 뒤집어엎는 것도 좋은 방법 가운데 하나가 될 수 있다. 론 로젠바이크는 자신이 창업한 아나디직스의 모든 것을 뒤집어버린 사람이었다. 아나디직스는 실리콘 칩보다 더 효율적으로 고주파 무선신호를 제어할 수 있는 비화 갈륨 칩을 만드는 제조업체이다.

레이건 대통령 시절, 로젠바이크는 일명 '스타 워즈'라고 하는 전략 방위 구상에 사운을 걸고 매달렸다. 그러나 스타 워즈는 실패로 끝났고 그도 파산하게 되었다. 로젠바이크는 재빨리 사업 방향을 전환해 텔레비전 스위치 생산에 들어갔으나, 한편으로는 아나디직스를 되살릴 수 있는 방법을 찾기 위해 고심했다.

마침내 그는 결단을 내리고 과감한 조치를 취했다. 우선 그는 마케팅 부서와 세일즈 부서를 없애고 기술자들에게 마케팅과 세일즈를 담당하게 했다. 실험실에서 일하는 첨단 연구 인력이 고객과 직접 대면할 수 있도록 한 것이다. 로젠바이크는 말한다.

"공학에 대한 기초가 확고한 사람들이야말로 고객에게 무슨 문제가 있는지 가장 잘 파악하고 그 문제점을 해결할 수 있는 사람들입니다. 우리는 기술자들에게 그 역할을 해달라고 요청했습니다. '여러분은 고객이 원하는 즉시 만족감을 줄 수 있어야 합니다. 예산은 얼마든지 써도 좋습니다. 수당도 충분히 드리겠습니다. 나가서 맡은 바 임무를 완수하십시오'라고 말입니다."

바로 그 순간 론 마이클이라는 기술자가 자리를 박차고 일어났다. 그는 전국을 누비며 무역 박람회와 전시장, 총회, 고객, 소매업자 등을 찾아 발로 뛰기 시작했다. 마이클은 스위치 박스란 스위치 박스는 다 뜯어서 내부를 관찰했고, 그것을 고객들에게 보여주면서 물었다.

"이 잡다한 부품 모두를 단 하나의 칩으로 대체할 수 있다면 얼마나 효율적이겠습니까?"

고객들은 열광적으로 반응했고, 아나디직스는 재기에 성공할 수 있었다. 마이클은 말한다.

"해결책을 보여주면 저절로 판매가 되는 법이지요."

창조적 정신을 바탕으로 현명한 해결책을 찾아내고야 말겠다는 투지, 이것이 사업하는 사람들이 갖추어야 할 정신이다.

멕시코의 거대 시멘트 회사인 시멕스는 멕시코시티의 암담한 교통 사정 때문에 위기를 맞게 되었다. 레미콘 트럭이 시간 맞춰 주문한 회사에 도착하지 못하는 경우가 허다했고, 그때마다 적재된 레미콘은 폐기물로 변해버렸다. 주문은 취소되고 고객들의 항의가 빗발쳤으며, 수입의 급격한 감소로 사업의 기반이 흔들리고 있었다. 마침내 시멕스 경영진은 멕시코시티의 교통 문제를 엄연한 현실로 받아들이고 자신들이 혼돈의 희생자로 전락하기보다는 어떻게든 그 현실에 대처하는 방법을 찾아내야 한다는 결론을 내렸다.

경영진은 유통과 물류의 신화를 창조하고 있는 페덱스의 본사를 견학하기 위해 멤피스로 갔다. 페덱스의 정보, 가공, 출하, 유통 시스템이 너무나 효율적으로 운영되는 것을 목격했을 때 그들은 벌어진 입을 다물 수 없었다. 페덱스에서는 하루 24시간 내내 잠시도 쉬지 않고 수톤 분량의 편지와 소포, 짐꾸러미들이 매일 들어오고 나갔다. 더욱 인상적인 것은 '정시에 도착하지 않으면 저희가 책임을 지겠습니다'라는 슬로건이었다. 그러나 시멕스의 경영진은 멕시코 시티에서 그같은 약속을 지키기란 불가능하리라 생각했다.

다음 견학 장소는 휴스턴 소방서의 911 구급센터였다. 시멕스의 경영진은 구급대원들이 심장마비나 화재, 잘못 울린 경보 등 갖가지 비상 사태에 믿기지 않을 정도로 침착하게 대응하는 모습에 넋을 잃고 말았다. 그리고 곧 그들이 그처럼 효율적으로 대처할 수 있었던 이유를 깨달을 수 있었다. 그들은 어디서 전화가 오더라도 재빨리 대응할 수 있도록 적재적소에 구급차와 구급대원이 대기하고 있기 때문이었다. 이것은 매우 결정적인 발견이었다.

멕시코로 돌아온 시멕스의 경영진은 일정한 구역에 레미콘 트럭을 대기시키는 대신 트럭들이 연결 고리 내에서 자유롭게 도시를 돌아다니도록 했다. 또한 인공 지능 시스템을 도입해 교통의 흐름을 고려하면서 트럭과 목적지, 시멘트 배합 공장이 항상 삼각형을 유지하도록 했다.

또한 트럭 운전사들이 매주 수강할 수 있는 2년 과정의 고객 서비스 강좌를 개설했고, 거추장스러운 규칙들은 과감히 폐지함으로써 제품의 도착을 지연시키는 모든 장애물을 제거했다. 모든 준비가 끝나자 곧 회사는 당일 서비스와 무제한 주문 변경 서비스를 시작했다.

이렇게 해서 사업에 불이 붙기 시작했고, 20분 안에 책임 배달을 보장하는 제도를 추가로 도입했을 때 시멕스는 날개를 달기 시작했다. 창조적인 경영과 배움과 변화에 대한 의지 덕분에 시멕스는 정상 궤도에 복귀할 수 있었고 이전과는 비교가 안 될 정도로 높은 수익률을 유지해 나갔다.

베풀수록 성장한다

폴 그라지아니는 제너럴 일렉트릭 에어로스페이스를 나오자마자 자신이 개발한 위성 소프트웨어 특허권으로 애널리티칼 그래픽스를 창업했다. 그는 '위성 툴 킷'이라고 명명한 자신의 소프트웨어를 1만 달러에 공급하기 시작했다. 결과는 대성공이었고, 애널리티칼 그래픽스는 탄탄한 중견기업으로 발돋움했다.

그러나 그는 부속 모듈러들이 핵심 프로그램의 판매를 따라잡게 되자 걱정스러워졌다. 위성 툴 킷의 판매는 감소하는 반면 날이 갈수록 부속 장치 판매는 증가하고 있었다. 그라지아니는 부속 장치의 시장 확대를 가로막지 않기 위해 더 많은 툴 킷을 빠른 시일 내에 공급해야 했고, 사업을 시작한 이후 가장 어렵고 힘든 결정을 내려야만 했다. 질레트사가 면도날을 팔기 위해 면도기를 무상으로 배포했듯이, 그도 핵심 제품을 무상으로 배포하기로 결정한 것이다. 다음 단계로 도약하기 위한 모험적인 도전이었다.

이렇게 해서 그라지아니는 베푸는 자가 될 수 있었다. 그는 위성통신에 대해 다루는 여러 전문지에 CD를 무료로 준다는 광고를 내고 수만 개의 CD를 공짜로 나누어주었다. 그가 던진 승부수는 적중했다. 사업은 유례없는 호황을 맞았고, 투자자들은 애널리티컬 그래픽스를 주식 시장에 상장하려고 열을 올렸다. 그라지아니는 이처럼 더없이 혁신적이고 창조적인 행동을 보여주었던 것이다.

질레트, 코닥, 넷스케이프, 포인트캐스트, 소스 크래프트 등 수많은 기업에서 무상 배포를 단행한 이유는 이를 통해 더많은 이익을 창출하기 위해서였다. 지식 공유를 실천에 옮긴 그라지아니는 더욱 부유해질 수 있었고 성장할 수 있었다. 그의 행동은 결국 자기 자신과 회사, 투자자 모두를 위한 것이었다.

구약성서의 〈잠언〉에는 다음과 같은 가르침이 기록되어 있다.

"남에게 나누어주는데도 더욱 부유해지는 사람이 있는가 하면, 마땅히 쓸 것까지 아끼는데도 가난해지는 사람이 있다."

베푸는 기업은 좋은 인식을 얻게 되며, 모험을 두려워하지 않는 도전적인 기업은 정상에 오르게 된다.

유기체처럼 조화롭게 성공하라

페트징어는 또 게오르그 바우어의 이야기를 자세히 소개하고 있다. 바우어는 코네티컷의 노워크에 위치한 메르세데스 벤츠 크레디트 코퍼레이션의 책임자로 임명되자 오직 한 가지 목표에 매진하기로 마음을 먹었다. 그것은 바로 비용을 절감하고 서비스를 향상시킴으로써 사업을 발전시키는 것이었다. 목표를 달성하기 위해서는 회사를 철저히 개혁하고 맨 처음부터 다시 시작해야 한다는 사실을 잘 알고 있던 그는 흔들림 없이 그 일을 추진했다.

그는 어떻게 회사를 개혁해야 할지 전혀 모르고 있었다. 뿐만 아니라 개혁의 결과가 어떤 모습으로 드러날지도 알 수 없었다. 그래서 그는 프로젝트 전체를 종업원들에게 맡기기로 결정하고 경영진에게 제안했다.

"직원들에게 회사의 문제점을 발견하도록 맡기겠습니다. 회사가 가장 기초적인 부분부터 스스로 성장할 수 있도록 만들어야 합니다."

그렇게 해서 위탁 경영이 이루어졌다. 업무 통합 팀들이 구성되고, 곳곳에 산재해 있던 낭비 요소들을 없앴으며, 항상 친절한 서비스가 넘치는 효율적인 공간이 탄생했다.

이 모든 과정이 공정하게 이루어졌다. 희생양 같은 것은 없었다. 자신의 안위만을 생각하는 사람은 아무도 없었으며, 해고당하는 직원도 없었다. 바우어는 공개적으로 열정적이고 혁신적인 사고방식을 가진 사람을 칭찬해주었고, 모험이나 실패를 두려워하지 말라는 말로 직원들을 독려해주었다.

바우어는 두려움을 떨쳐버리라고 누차 강조했다. 사람들은 사무실 벽을 허물고 칸막이 높이를 낮추었으며, 회의실 벽을 유리로 바꾸어 개방적인 분위기에서 누가 누구를 만나고 있는지 모든 사람이 알 수 있도록 했다. 새로운 상여금 제도가 도입되었고 좋은 실적을 올리는 팀일수록 많은 돈을 받아갔다. 개혁이 이루어진 것을 축하하는 의미에서 로비에는 번쩍이는 '뫼비우스의 띠' 조각상이 세워졌다. 그 조각상은 끊임없는 변화를 의미하고 있었다.

메르세데스 벤츠 크레디트의 자산은 단 2년 만에 세 배 가까이 증가해 230억 달러에 이르렀으며, 각종 경제 전문지는 그 회사를 해당 업계에서 고객 만족도 1위 기업으로 선정했다.

그렇다면 이 모든 놀라운 성과를 이끌어낸 일등공신은 누구일까? 모든 직원이 벽과 장애물을 무너뜨리고, 실패하리라는 두려움을 떨치고 일하게 된 데는 바우어의 공이 컸다. 또한 회사 문제를 해결하기 위해 시간과 노력을 아낌없이 바치고 스스로 생산성과 수익성 모델을 창조해낸 직원들의 공도 컸다.

모험을 한다는 것은 용기 있는 일이지만, 업계 전체가 신봉하는 신성한 교리에 도전한다는 것과는 또 다른 일이다. 《미지의 개척자들》에서 페트징어는 피트와 로라 웨이크먼의 이야기를 통해 가능성을 완벽하게 현실로 실현해낸 어느 부부의 모습을 그리고 있다. 두 사람은 1970년대 코넬대학을 졸업하고 몬타나로 가서 제과점을 열었다.

피트와 로라는 진지한 자세로 빵 굽는 일에 임했다. 꿀밀빵을 만들기 위해 직접 밀가루를 빻았고, 제과점에 찾아오는 모든 손님들을 따뜻한 시식용 빵으로 대접했다. 머지않아 손님들이 개점 시간에 맞춰 줄을 서기 시작했고 몇 분 안에 진열대는 깨끗이 비워졌다.

웨이크먼 부부는 그들 앞에 성공의 문이 활짝 열리고 있음을 알고 있었고, 새로 얻은 멋진 삶을 놓치고 싶지 않았다. 그들은 영업 시간을 연장했으나 자정까지 일하는 것은 너무나 힘든 일이라는 사실을 즉시 깨닫게 되었다. 다른 사람의 돈을 빌리면서까지 규모를 늘리고 싶지는 않았기에 사업을 확장할 생각도 없었다. 그러던 어느 날 누군가가 프랜차이즈 사업을 제안했다. 과중한 노동에 대한 부담 없이 사업 확장을 꾀할 수 있는 훌륭한 아이디어였다.

그때부터 웨이크먼 부부의 새로운 역사가 시작되었다. 그들은 그레이트 하비스트라는 이름으로 프랜차이즈 사업을 시작했다. 1년 동안 의무 교육과 기술 원조가 끝나면 가맹점주들이 자유롭게 가게를 운영하는 방식이었다.

그레이트 하비스트의 경영 방식을 전세계 대부분의 음식 프랜차이즈 사업과 비교해보자. 대부분의 업체들은 융통성 없이 요구 조건을 강요한다. 또 관행과 품질을 유지해야 한다는 명목으로 혹독한 규제 조항들을 내세운다. 본사에서는 정기적으로 감독관을 파견한다. 혁신적인 아이디어를 장려하는 일이 없을뿐더러 창의

성도 금지해야 할 대상이 된다.

그레이트 하비스트에서는 이와는 대조적으로 따뜻한 빵을 판매할 것과 일등급 밀을 사용해야 한다는 규정 외에는 어떤 규제 조항도 강요하지 않는다. 웨이크먼과 그의 아내는 그레이트 하비스트라는 이름을 내걸고 장사를 하게 될 사람들을 신중하게 선택한다. 지원자 100명 가운데 1명 정도만을 받아들일 뿐이다.

그렇다면 과연 어떤 사람들이 미래의 모범적인 가맹점주로 선발될 수 있을까? 웨이크먼은 자신의 동업자들에 대해 다음과 같이 묘사한다.

"그들은 배움을 즐기고 그 속에서 소박한 즐거움을 느끼는 사람들입니다. 삶의 즐거움을 사업의 목적으로 삼고 있으며, 인생이 주는 험난함마저 사랑하는 사람들입니다."

페트징어는 그 결과가 끊임없는 혁신으로 나타나고 있다고 말한다. 그레이트 하비스트에 가맹한 모든 제과점들은 양질의 제품과 서비스 개선으로 고객들의 요구를 충족시키기 위해 변화와 개발을 멈추지 않고 있다.

이 모두를 하나로 묶는 연결 고리는 통신이다. 모든 점포들이 인터넷으로 몬타나의 본사와 연결되어 있다. 따라서 누구든 원하는 즉시 다른 사람들의 아이디어와 경험을 쉽게 배울 수가 있다.

에드와 로리 커퍼스의 예를 들어보자. 그들은 필라델피아 외곽에서 그레이트 하비스트 분점을 운영하고 있다. 1년 동안 교육을 받은 후 에드와 로리는 자신들의 판매항목에 쿠키를 추가했고, 어린이들을 위한 쿠키 콘테스트를 개최했다. 콘테스트를 개최한 지 한 달 만에 5000명의 지원자가 형형색색의 작품들을 출품했고 수많은 어린이들이 전시된 출품작을 보러 가자고 매일 부모를 졸라댔다.

에드와 로리는 자신들의 아이디어를 다른 가맹점들과 공유하기도 하지만, 다른 가맹점들로부터 많은 것을 배우기도 한다. 최근에는 카운터 서비스와 관련된 아이디어를 체험하기 위해 미시간의 노스필드에 다녀왔고, 노스캐롤라이나에 있는 채플 힐에서는 새로운 간판 광고에 대한 아이디어를 보고 왔으며, 보스턴에서는 자기들처럼 빵집을 어린이들의 명소로 변모시키기 위해 노력하는 부부와 많은 경험담을 나누고 왔다.

이 모든 사실들을 종합해볼 때 그레이트 하비스트는 브랜드라기보다는 하나의 네트워크처럼 운영되는 시스템이고, 기업이라기보다는 공동체에 가깝다는 결론을 내릴 수 있다. 페트징어는 여기서 한 걸음 더 나아간다.

"최선을 다해 일할 수 있는 자유 그리고 자신의 일을 다른 사람의 일과 비교하면서 실험할 수 있는 자유를 가진 사람들이 집단을 형성하면 그들은 통일된 지적 존재가 된다. 이것은 마치 수십억 개의 뉴런이 모여 한 사람의 뇌를 구성하고, 수백만 명의 이성적 시민들이 모여 하나의 국가를 형성하는 것과 같은 이치이다.

높은 곳에 앉은 사람들도 조직에 유익한 것이 무엇인지를 발견할 수 있다. 그러나 수백 년 동안 전해 내려온 가르침과는 정반대로, 그들은 가장 좋은 것이 무엇인지는 결코 알지 못한다. 모든 사람들을 합친 것만큼 똑똑한 사람은 결코 존재할 수 없기 때문이다."

페트징어는 미래의 경제에서 성공하는 기업은 다른 개체들과 조화를 이루면서 자연스럽게 발전하고 성장하는, 마치 살아 있는 유기체 같은 것이 되리라 믿고 있다. 그러한 기업의 구조는 인간이 만들어낸 엄격한 노동 규칙대로 작동하는 기계적인 계급 구조와는 다를 것이다. 기계적 계급 구조는 새로운 것을 무조건 거부하고, 종업원들을 고유한 권리를 가진 창의적이고 지적인 존재로 인정하기는커녕 일벌처럼 이용만 한다.

우리들 앞에는 일하는 사람이 좀더 풍부한 경제 환경 속에서 자신의 발전을 꾀하게 되는 자유로운 미래가 놓여 있다. 그 환경은 일종의 '생태계'로 그 속에서 인간의 창조성은 해방될 것이고, 새롭고 활기찬 에너지가 분출되어 결국 인류 경제는 지금과 완전히 다른 모습으로 재창조될 것이다.

세상의 주인공으로 살아가는 기술

창조한다는 것은 특별한 비법이나 종교가 필요한 일이 아니다. 그리고 눈부신 재능을 소유한 이들에게만 은밀하게 허락된 전유물도 아니다. 창조성은 공기나 물처럼 자연스러운 것이다. 공기와 물이 빈 공간을 찾아 평형 상태에 도달하는 것처럼 성장의 조건이 허락되면 창조성은 상상도 못했던 아름다운 영토로 우리의 발길을 이끈다.

완전한 무에서 성공을 창조하기

한 공장의 생산 라인에서 눈부신 창조성을 발휘하고 있는 근로자를 상상해보자. 생산 공정을 개선시킬 수 있는 방법을 발견한 그는 회사에서 능력을 인정받아 고위직으로 승진하거나, 자신의 재능을 좀더 유용하게 활용할 수 있는 곳을 찾아 직장을 옮길 것이

다. 기회만 주어진다면 같은 회사 내에서 재능을 마음껏 발휘할
수 있는 다른 부서로 옮길 수도 있다.

가령 어느 현장 근로자가 제트 엔진 부품을 효과적으로 조립
하는 방법을 연구하다가 단지 조립하는 순서를 바꾸는 것만으로
불필요한 중간 단계를 혁신적으로 제거하는 방법을 발견했다고
하자. 그 결과는 20퍼센트의 생산성 향상으로 나타난다. 팀장으로
승진한 그 근로자는 얼마 후 훨씬 더 효율적인 아이디어를 창안해
공정의 생산성을 다시 10퍼센트나 끌어올렸다고 하자. 경영진은
그를 현장 주임으로 승진시킨다. 그러나 그의 창조적 활동은 여기
서 멈추지 않는다.

현장 주임이 된 그는 전체 조립 공정의 문제점을 발견한다. 그
는 기초 설비를 교체하고 팀들을 재편했으며, 출고 직전에 엔진의
품질을 효율적으로 테스트하는, 이제까지와는 전혀 다른 방식을
창안한다. 결국 회사는 그 현장 주임을 공장장으로 승진시키고,
그 다음에는 부사장으로 승진시킨다.

그러나 시나리오는 이와는 전혀 다르게 전개될 수도 있다. 우
리의 주인공인 현장 주임은 누구도 그의 아이디어에 귀를 기울이
지 않는다는 사실을 깨닫는 순간 자신의 재능이 낭비되고 있다고
느끼고 미련없이 사표를 던진다. 소규모 부품 제조업체에 합류한
그는 재능을 발휘하며 빠른 속도로 승진한다. 그러나 얼마 후 사
업에 대해 충분히 배웠다고 느낀 그는 다시 사표를 던지고 자신이
직접 부품 공장을 운영하기 시작한다.

완전한 '무'에서 새로운 사업을 시작한 그는 실습 기간 동안
배웠던 모든 지식을 활용해 가격과 품질, 유통, 속도, 서비스, 고

객 만족 등에서 경쟁 우위를 확보한다. 지속적인 기술 혁신에 힙입어 그의 사업은 빠른 속도로 성장한다. 그리고 불과 몇 년 후 그는 자신의 부품 사업체를 맨 처음 다닌 회사의 고용주에게 매각한다. 매각 금액은 5000만 달러를 상회한다.

이 시나리오는 대단히 미국적인 이야기인 동시에, 인간에게 창조적 본능이 있기에 가능한 이야기이다.

그러나 엄밀히 말해 창조성이란 무엇인가? 그리고 창조성은 어떻게 인간의 드라마 속에, 성공하려는 모든 사람들의 욕망 속에 등장할 수 있을까?

성공한다는 것은 무엇인가

내 친구 가운데 한 사람은 최근 자신이 심한 좌절감과 무력함을 느끼고 있다고 털어놓았다. 그는 그 이유를 전혀 알지 못했다. 사업은 만족스러웠고 인생은 어느 때보다 순조로웠다. 그에게는 백만장자라는 표현도 모자랄 정도였다. 어떤 기준으로 보든 그의 인생은 성공을 향해 무섭게 질주하고 있었다. 여러 해 동안 모든 일이 너무나 순조롭게 진행되었다.

그렇다면 과연 무엇이 잘못된 것일까? 마침내 정상에 올라 주위의 찬사를 한 몸에 받고, 남은 인생을 부와 존경 속에서 보낼 수 있게 되었다. 그런데도 도대체 무엇이 잘못되었기에 만족스럽지 못한 것일까? 그것은 커다란 성공을 거둔 사람들이 종종 자문해보곤 하는 말이다. 그리고 성공을 했건 못했건 그 해답을 찾는 것은 전적으로 우리 자신의 몫이다.

　　방금 이야기한 내 친구의 경우 명쾌하고도 놀라운 해답을 얻을 수 있었다. 그 실마리는 실버스타 스텔론에게 있었다. 친구는 어느 날 텔레비전에서 실버스타 스텔론이 인생의 벽에 부딪혀 좌절했던 경험을 이야기하는 것을 보았다. 영화배우로 대성공을 거두었고 엄청난 돈을 거머쥐었지만, 한동안 이상야릇한 권태감과 씨름했던 적이 있었다. 명성과 부로 가득한 완벽한 세계에 원인 모를 허무감이 조금씩 점령해 들어왔던 것이다.

　　인터뷰가 있기 며칠 전, 실버스타 부부의 어린 딸은 심장병이라는 진단을 받았다. 딸은 대수술을 무사히 견뎌냈다. 그러나 그 경험은 실버스타에게 크나큰 충격이었다. 실버스타는 삶에서 정말로 중요한 것이 무엇인지를 다시 생각했고, 자신의 인생을 재평가했다.

　　그래서 그는 자기 자신과 한 가지 약속을 했다. 만약 그의 딸이 건강하게 깨어난다면 매일 아침 새로운 하루를 기쁘게 맞이하면서 이 세상을 좀더 나은 곳으로 만들기 위해 노력하겠다고 맹세했던 것이다. 구체적인 방법은 확신할 수 없었지만 막연히 자신을 발전시키는 것도 한 방법이 될지 모른다는 생각을 했다.

　　실버스타의 말을 듣고 친구는 생각에 잠겼다. 그 동안 그는 참으로 많은 일들을 했다. 그는 항상 자신의 사업과 가족을 걱정하며 살아왔고, 최근에는 리엔지니어링 경영과 기업 성장, 주식 가격에만 몰두했다. 그러나 단 한번이라도 어떻게 이 세상을 개선할 수 있을까에 관해 생각해본 기억은 없었다.

　　반면 자신을 발전시키는 방법에 대해서는 수도 없이 생각했다. 골프에 대해 열심히 공부했고, 와인과 시거 감상법에 대한 강좌를 듣기도 했으며, 예술품 수집에도 관심을 두었고, 심지어는 이중턱과 처진 눈꺼풀을 고치는 성형 수술을 받기까지 했다. 그러나 정직하게 말해 그 어떤 것도 그를 더 행복하게 만들어주지 못했다.

그래서 실버스타처럼 매일 자신을 발전시키기 위해 노력하는 것도 정확한 해답이라고 확신할 수 없었다. 그 자리에서 나와 내 친구는 두 사람의 나이를 합친 100년이라는 경험을 토대로, 정확히 무엇이 올바른 삶을 만들어주는지 생각해보기 시작했다. 우리는 몇 가지 쉬운 문제들부터 짚어보았다.

성공이 올바른 삶을 만들어줄까? 반드시 그렇지는 않다. 돈일까? 반드시 그렇지는 않다. 마음대로 오갈 수 있는 자유일까? 반드시 그렇지는 않다. 가족과 친구들일까? 이 문제는 다소 어려웠다. 그러나 대답은 여전히 반드시 그렇지는 않다는 것이었다. 사치일까? 반드시 그렇지는 않다. 파티와 멋진 사람들, 열정적인 섹스와 캐비어나 샴페인일까? 아마도 아닐 것이다. 가창력이나 예술적 소질, 운동 기술과 같은 특별한 재능일까? 반드시 그렇지는 않다.

만약 위의 요소들 중 어느 하나로는 부족하다면 이 모든 것들이나 두세 가지가 조합된 것은? 가능성은 높아지지만 이번에도 반드시 그렇지는 않다는 결론을 내릴 수밖에 없었다.

다음에는 가장 어려운 질문을 던져보았다.

신이 그 해답일 수는 없을까? 이것도 답하기 어려웠다. 우리가 초월적인 세계와 관련된 이야기를 하고 있다면 신이 해답일 수도 있었다. 역사가 기록되기 이전부터 신과 소통한다는 것은 인간의 큰 소망이었다. 어떻게든 신과 접촉한다는 것은 지상의 모든 인간이 꿈꾸는 궁극적인 목적일 수도 있고, 육체를 가진 인간이라면 누구나 도달하기를 원하는 지고의 상태일 수도 있다. 따라서 신은 '매우 가능성이 높은' 해답이 된다.

그렇다면 종교는? 기독교, 유대교, 불교, 이슬람교를 막론하고 종교라는 것은 인간이 만들고, 인간이 중개하고, 인간이 조직한 것이므로 많은 사람들이 해답이 될 가능성이 매우 낮다고 답할 것이다.

'신'을 '사랑'이라는 말로 대체한다면 어떨까? 사랑과 신은 상호교환될 수 있는 말이라고 하자. 그러나 그 해답은 여전히 똑같다. 아무리 생각해도 지금까지 나온 것들로는 결론을 내리기가 어려웠다. 만약 질문에 대한 답이 지상의 즐거움이나 사람들의 칭찬, 혹은 순수한 정신에 있지 않다면 도대체 정답은 무엇일까?

올바른 성공으로 이끄는 네 가지 해답

그 해답을 찾기 위해 우리는 결국 내면 세계를 들여다보지 않을 수 없었다. 한동안 그 세계를 뒤지고 들춘 후, 마침내 우리는 미꾸라지같이 자꾸 빠져나가기만 하던 해답을 발견할 수 있었다.

그 순간 우리는 올바른 삶에 대한 해답은 하나가 아닌 여럿이며, 그것들이 하나로 합쳐질 때 완전한 해답이 된다는 것을 깨달았다. 그것은 창조(create), 봉사(help), 개선(improve), 실천(make it happen)으로 'CHIM'이라는 네 음절 단어로 표현할 수 있는 말이었다.

여기에는 흔히들 영적인 것이라고 말하는 마음의 문제는 포함되어 있지 않다. 그러나 영혼은 누구에게나 주어지는 것이다. 실제로 인간은 극악무도한 사람이건 사악한 사람이건 간에 누구나 영적인 것을 추구하는 존재이며, 위 네 가지 요소에는 본질적으로 영적인 측면이 내재해 있다.

네 가지 요소들 가운데 일상적으로 실천해야 할 가장 중요한 정신적 요소는 창조와 봉사의 측면일 것이다. 그 주제에 대해 탐구를 시작하면서 나와 내 친구는 삶의 용광로를 지피는 연료가 창조성이라는 사실에 공감했다. 창조성을 포기하는 순간, 삶의 불꽃은 꺼지기 시작한다. 봉사는 어떤 방식으로든 다른 사람들을 돕는 것으로, 인생을 가치있게 만드는 필요조건이다.

현자들은 자기 자신만을 아는 사람에게는 결국 공허함밖에 남지 않는다고 가르쳤다. 남에게 봉사와 가르침을 베푸는 사람은 그 대가로 성취감을 얻는다. 냉소와 물질주의가 팽배한 시대를 사는 현대인들은 태어날 때부터 봉사의 미덕을 배우며 자라지만, 결국 대부분의 사람들이 그 미덕을 포기한다. 나이가 들수록 리비에라 해안의 별장을 소유하겠다는 꿈은 강렬해지지만, 이와는 반대로 야학에 참여하거나 어려운 사람들 곁에서 봉사 활동을 하겠다는 생각은 희미해져 간다. 자, 이제부터 올바른 성공으로 이끄는 그 네 가지 해답을 자세히 살펴보자.

텔레비전을 끄고 시를 쓰거나, 그림을 그리거나, 도자기를 빚거나, 사진을 찍어보라. 그 대상이 어떤 것이든 창조하는 행위는 작은 불꽃을 점화시켜서 직장생활과 사생활의 모든 영역에서 환한 빛이 되어줄 것이다. 그것은 우리가 잊고 살아왔던 원시적이지만 소중한 부분을 되찾게 해준다. 삶에 대한 믿음을 회복시켜주고, 완전한 존재감을 되돌려주며, 우리가 자유롭게 날 수 있도록 해준다.

직장에서는 새로운 방법으로 일해보라. 업무 성취도를 높일 수 있는 흥미로운 방법들을 생각해보라. 좋아하는 게임이나 스포츠를 하듯 성공에 필요한 기술을 습득하겠다는 자세로 일에 창조성을 부여해보라. 주어진 게임을 유리한 국면으로 이끌어갈 수 있는 방법을 찾아보라.

생산성이 떨어지고 있다면 새로운 컴퓨터 기술을 배워보라. 사기가 저하되었다면 종업원들이 회사의 이익을 공유할 수 있도록 새로운 계획을 세워보라. 창조성이 억눌려 있다면 브레인스토밍 회의를 열어서 새로운 아이디어를 창출해보라. 팀워크가 좋지 않다면 파리행 여행기표를 내걸고 축구 대회나 야구 대회를 열어보라. 돈이 낭비될까봐 걱정할 필요는 없다. 그 돈은 언젠가 서너 배가 되어 되돌아올 것이다.

우리 주변에는 위대한 발명가와 작가, 예술가, 작곡가, 기술자, 수학자, 이론가, 철학자들의 이야기가 가득하다. 그들은 모두 목적의식과 야망을 품고 인생이라는 파도를 헤쳐나갔으며, 다른 사람들에게는 치명적일 수도 있는 장애와 실망을 이겨냄으로써 생산적이고 아름다운 노년을 보낼 수 있었다.

스티븐 호킹을 생각해보라. 그는 아마도 아인슈타인 이후 가장 위대한 천재로, 휠체어에 의지한 채 말하기조차 불가능한 역경 속에서 오로지 정신적인 능력만으로 세상을 양자와 전자 물리학의 어둠에서 빛으로 인도했다.

칼 세이건은 또 어떤가. 그는 NASA의 기술자들과 브레인스토밍을 했던 철학자이자 천문학자로서, 암으로 세상을 떠나기 며칠 전까지도 국제 우주정거장 설계에 혼신의 힘을 쏟았다.

오라클의 회장이자 돈키호테 같은 성향을 지닌 억만장자 래리 엘리슨은 자신의 삶을 항상 미완성의 예술작품으로 생각하고 성공의 정점에 서기 위한 노력을 멈추지 않는다. 뛰어난 서핑 선수이자 무술 유단자인 그는 여가 시간에는 서핑과 참선을 즐긴다.

엘리슨은 오래전부터 진정한 삶에 도달하는 데는 정적이고 심미적이고 명상적인 자세가 최고의 영약이라는 사실을 깨달았다고 한다. 그것은 질식 상태에 놓인 심장에 혈액을 공급하는 것과도 같다고 그는 말한다.

봉사하라

우리가 남들에게 줄 수 있는 가장 위대한 선물은 우리의 삶을 나누어 그들의 삶을 풍족하게 만드는 것이다. 그리고 남들의 삶을 풍족하게 만들 수 있는 가장 좋은 방법은 가르치는 것이다. 교사가 돼라. 그러면 자신의 소명을 다할 수 있을 것이다.

그러나 가르치기 위해 반드시 교육자가 될 필요는 없다. 어떤 분야에서든 충분할 정도로 연륜이 쌓였다면 그것을 가르치면 된다. 신기하게도 가르침은 우리에게 위대한 배움의 기회를 제공한다. 그래서 학생을 가르치는 사람이 학생들에게 자신이 가르치는 것보다 더 많은 것을 배운다고 한다.

가르치는 것은 우리 자신의 영역을 자연스럽게 확장시켜준다.

우리 모두는 자신이 인식하지 못하는 순간에도 무엇인가를 가르치며 산다. 강단에 선 교사는 직업에 관해 가르친다. 의사도, 변호사도, 컨설턴트도, 경영자도 모두 무엇인가를 가르치고 있다.

예를 들어, 크레디트 스위스 퍼스트의 보스턴 지사장이었던 빌 메이어는 경영대학원 두 곳에서 학장 겸 시간강사로 봉사 활동을 계속하고 있다. 오늘날 전세계의 전직 경영자들이 학부와 대학원에서 강의를 하고 있다. 이밖에도 매년 수천 명의 사람들이 자신의 전문 지식과 경험을 기꺼이 제공하거나, 경영 컨설턴트가 되어 낡은 회사를 개조하고 새로운 회사를 출범시키는 일에 기꺼이 도움을 주고 있다.

가르치는 일에 재능이 없다고 생각한다면 다른 것이라도 베풀어라. 가령 용기를 북돋워주거나, 진심 어린 충고를 해줄 수도 있다. 안내 서비스를 제공하거나, 때에 따라서는 돈을 기부할 수도 있다. 무엇이든 베풀어라. 성경에서 이르는 말처럼 주는 것 없이는 돌아오는 것도 없을 것이다.

내 친구 가운데 한 사람은 직속 상사이자 인생의 스승이었던 사람이 마침내 그녀를 발견하고 더 큰 책임을 맡겼을 때 비로소 자신의 재능을 꽃피울 수 있었다고 한다. 현재 친구는 큰 화장품 회사의 부사장으로 일하고 있는 동시에 차기 사장감 물망에 올라 있기도 하다. 그녀 인생의 스승은 은퇴했지만 지금도 개인적으로 절친한 친구 관계를 유지하고 있다.

개선하라

제품의 생산 공정을 개선하거나, 물건을 더욱 튼튼하게 만들거나,

공간을 새롭고 멋있게 꾸미는 것은 인생에 새로운 가치를 부여하는 일이라 할 수 있다.

일전에 나는 한 항공기 기술자와 대화를 나눈 적이 있다. 그는 직장에서 가장 행복했던 시절이 소음을 2분의 1로, 연료를 3분의 2로 줄이면서도 추진력을 두 배나 끌어올린 신형 제트 엔진을 설계했던 때라고 말했다.

한 중소기업 사장은 휴가를 마치고 돌아와보니 새로 채용한 비서가 기존 유통망에 대한 대담한 개선책을 내놓았고, 이에 따라 연간 100만 달러나 되는 비용을 절감할 수 있었다고 했다. 이처럼 권한과 책임을 부여하고 실수는 용서함으로써 자력으로 일할 수 있는 용기를 주는 것만으로도 세상을 개선할 수가 있다.

오래전부터 지혜로운 사람들이 가르쳐준 진리가 있다.

"완전한 삶을 영위하는 사람은 남을 돕는 일에서 만족을 구하고, 주변의 사소한 것을 개선하는 데서 즐거움을 찾는다."

실천하라

창조, 봉사, 개선은 이 세 가지 미덕을 하나로 묶어주는 실천 능력이 없다면 아무 효력도 발휘하지 못할 것이다. 봉사와 개선을 추구하는 창조적 정신이 있다면, 그것만으로도 훌륭한 결합이라 할 수 있을 것이다. 하지만 여기에 그 세 가지를 묶어 단 하나의 목표로 이끌어가는 실천의 힘이 덧붙여진다면 기회의 문이 활짝 열릴 것이다.

그것이 바로 언제 어디서나 행동하는 사람이 나태한 사람보다 환영받는 이유이다. 성공한 사람들은 대부분 머뭇거리지 않고 실천하는 습관을 가지고 있다. 그들은 종종 부정적인 대답을 이겨내야 했고, 때로는 목표를 이루기 위해 자신의 어리석음과 무능력을 극복해내야 했다.

어떨 때는 자신의 아이디어가 다른 사람 손에서 사장되는 것을 막느라 동분서주해야 했고, 남들보다 좀더 늦게까지 일함으로써 보다 나은 실적을 올려야 했다. 때로는 당당하게 '아니오'라고 말해야 했고, 때로는 모든 사람이 불가능하거나 해서는 안 된다고 말하는 것도 과감히 밀어붙여야 했다.

당신은 그런 사람을 본 적이 있을 것이다. 혹은 당신이 바로 그런 사람일 수도 있다.

부자들은 어떻게 정상에 도달했는가

잡스의 성공 비결은 과연 무엇일까?
그것은 바로 어른이 되기를 거부하는 유쾌한 사고방식이다.
잡스는 몇 차례나 최고 경영자직을 역임했지만,
마음만은 언제나 명랑하고 꿈많은 10대 소년이었다.
그는 이렇게 말한다.
"나는 지금까지 돈에 대해 크게 신경쓰지 않고 살아왔습니다.
그러니 언제나 열일곱 살 때와 똑같은 감정으로 살 수가 있습니다."

10대의 발상으로
경영 마술사 된 스티브 잡스

여러분은 마술을 믿는가? 인생의 모든 분야가 그렇듯이 경영에도 마술사가 있다. 그리고 만약 경영에도 후디니(Houdini : 미국의 마술사로 결박풀기와 탈출 등의 명인)가 있다면 바로 스티브 잡스일 것이다.

그는 때맞춰 창조의 무대인 애플에 등장해 그의 화려한 경력 중에서도 가장 멋있는 마술을 연출해냈다. 비평가들과 반대자들이 애플의 실패한 오페레타에 야유를 보내면서 최후의 막을 내리려는 순간, 잡스는 모자 속에서 엄청나게 큰 토끼를 꺼내어 관객들에게 보여주었다.

애플 컴퓨터를 정상에 올려놓다

1985년, 잡스는 자신이 창업한 애플의 회장직에서 물러나야 했다. 그리고 1998년, 그는 다시 애플사의 임시 최고 경영자로 부임하는 데 동의했다. 그 사이에 그는 두 벤처 기업을 출범시켰다. 하나는 최신 기술과 최고 성능을 자랑하는 컴퓨터 제조업체인 넥스트였고, 또 하나는 세계적으로 가장 정교한 디지털 애니메이션 기업으로 인정받고 있는 픽서였다. 이 기업들 덕분에 잡스의 개인 자산은 수십억 달러로 불어날 수 있었다.

애플의 사례는 우리가 기업에서 창조적인 비전을 발견하고 그 비전을 기업 내부에 제시할 때 놀라운 결과가 펼쳐진다는 사실을 입증하고 있다.

잡스가 강제 퇴출된 후로 애플은 컴퓨터 기술의 선구자이자 문화적 창조자라는 인식을 잃게 되었을 뿐 아니라, 갈수록 방향 감각을 상실하다가 결국에는 자기 정체성마저 망각해버리고 말았다. 일련의 최고 경영자들이 회사를 정상 궤도에 올려놓기 위해 안간힘을 써보았지만 아무 소용이 없었다. 결국 애플 이사회는 잡스에게 다시 한번 화려한 마술을 보여달라고 설득하기에 이르렀다.

바로 그때부터 상황은 반전되기 시작했다. 회사의 내부 사정을 알게 된 잡스는 자기 눈을 의심하지 않을 수 없었다. 잡스는 즉시 과감한 개혁 조치를 단행했다. 그의 일사불란한 지휘에 따라 18개 생산 라인은 4개로 축소되었고, 각 부서가 효율적으로 재편되었으며, 새로운 마케팅 책임자가 고용되었다.

애플에 헌신적인 판매상과 대리점 외에는 매킨토시 공급을 엄격히 제한했고, 비용 절감을 위해 재고를 최대한 축소했다. 뿐만 아니라 마이크로소프트와 손잡고 핵심 소프트웨어 프로그램을 개발하기 시작했고, 어도비 시스템즈와 지지부진하게 끌어왔던 공동 소프트웨어 개발 건을 급속히 호전시켰다. 종업원들의 사기를 높이고 생산 의욕을 고취시키기 위해 우리사주 정책을 시행했고, 애플 최초의 성공작인 아이맥을 다시금 정상권으로 끌어올리기 위해 최대한 노력했다.

어른이 되기를 거부하는 유쾌한 사고방식

잡스의 성공 비결은 과연 무엇일까? 그가 말한 답에 귀기울이다 보면 얼핏 어렵고 복잡하게 들린다. 하지만 그 속에 창조적인 사람들의 귀를 솔깃하게 만드는 내용이 살아 숨쉬고 있음을 알 수 있다.

바로 어른이 되기를 거부하는 유쾌한 사고방식이 그것이다. 잡스는 몇 차례나 최고 경영자직을 역임했지만, 마음만은 언제나 명랑하고 꿈많은 10대 소년이었다. 애플의 실력자로 복귀한 직후 《포춘》과의 인터뷰에서 잡스는 마술의 비법을 다음과 같이 설명했다.

포춘 현재 마흔세 살의 나이로 재계의 거물이 되셨는데도 아직도 정상을 향한 질주를 멈추지 않으시는군요. 중년에 접어들면서 인생의 목적이 어떻게 변하셨나요?

잡스 열일곱 살 때 누군가 말했습니다. 하루하루가 인생의 마지막 날인 것처럼 살라고 말이죠. 언젠가 마지막 날이 오긴 하겠죠. 나는 지금까지 돈에 대해 크게 신경쓰지 않고 살아왔습니다. 그러니 언제나 열일곱 살 때와 똑같은 감정으로 살 수가 있습니다.

포춘　나이가 들면 어느 정도 보수적으로 변하지 않습니까?

잡스　내 역할 모델 가운데 하나가 밥 딜런입니다. 나는 사춘기 때 그가 부른 노래 가사를 빠짐없이 외웠고, 한순간도 정체하지 않는 그의 모습을 항상 지켜봤습니다.

훌륭한 예술가들도 때로는 주어진 한 가지 일에만 몰두하면서 여생을 보내고 싶다는 생각을 합니다. 세상 사람들 눈에는 그런 예술가의 모습이 성공한 것으로 비쳐질 수도 있지만, 예술가 자신의 눈으로 보면 결코 성공한 것이 아닙니다. 안주하겠다고 생각하는 순간 예술가는 자기 자신을 일정한 틀 안에 가두어버립니다. 밥 딜런이나 피카소처럼 실패를 두려워하지 않고 계속 도전하는 예술가야말로 진정한 예술가입니다.

애플을 경영하는 일에서도 나는 그런 자세를 유지하려고 노력합니다. 처음에는 상황이 얼마나 악화되었는지도 정확히 몰랐지만, 곧 그런 데 신경쓰지 않기로 마음을 먹었습니다. 회사를 살리는 것은 내가 진정으로 원하는 일이었기 때문입니다. 최선을 다하고도 실패한다면? 글쎄요, 그래도 최선을 다하지 않았겠습니까?

사람이 보수적으로 변하는 것은 잃을 것이 있기 때문입니다. 《호울 어쓰 카탈로그》를 거억하십니까? 마지막 호 뒤표지에는 한적한 시골길을 찍은 사진이 실려 있었지요. 참으로 아름다운 사진이었는데, 진정 나를 사로잡은 것은 그 사진의 제목이었습니다. '굶주리고 어리석은 자로 남으라' 라는 말이었지요. 하지만 그건 광고 카피가 아니라 《호울 어쓰 카탈로그》를 만든 스튜어트 브랜든이 남긴 명언 가운데 하나였습니다. '굶주리고 어리석은 자로 남으라' 그것은 너무나 심오한 지혜였습니다.

포춘 사업상 내린 결정에 대해서 후회해본 적은 없습니까?

잡스 물론 있습니다. '그렇게 하지 않았으면 좋았을 걸' 하고 후회하는 일들이 무수히 많습니다. 그러나 사람들이 인생에서 가장 후회하게 되는 것은 역시 하지 않고 지나친 일들이라고 생각합니다. 지금도 정말로 후회스러운 일은 짝사랑하던 여학생에게 춤추자고 신청하지 않았던 것이지요.

사업에서도 내가 지금 알고 있는 것을 좀더 일찍 알았더라면 더 좋은 결과를 낼 수 있었을 겁니다. 하지만 그런 후회는 정말로 무의미한 것입니다. 더욱 중요한 것은 현재에 충실한 것입니다.

좋은 예를 하나 들어보겠습니다. 노벨상을 수상한 물리학자 리처드 파인만의 책에서 읽은 것입니다. 그는 암으로 투병중이었지요. 책에서 그는 죽기 전 받았던 수술에 관해 묘사하고 있었습니다. 의사가 그에게 "파인만 씨, 나로서는 성공을 장담할 수 없습니다"라고 말하자, 파인만은 의사에게 한 가지만 약속해달라고 당부했습니다. 살아날 가망이 없으면 즉시 마취에서 깨어나게 해달라는 말이었죠. 파인만은 "이 세상의 빛이 꺼지는 순간이 어떤지 꼭 느껴보고 싶습니다"라고 말했습니다.

그것이 바로 자기 자신을 현재의 순간과 일치시키는 좋은 방법입니다. 다시 말해 지금 자신이 겪고 있는 일을 직시하는 것으로, 사람은 아무리 나쁜 일에도 호기심을 잃지 않아야 합니다.

포춘 당신과 함께 일했던 사람들은 당신의 경영 스타일을 '인내'라는 한 단어로 표현하더군요. 어디서 그런 근성이 비롯되었다고 생각하십니까?

잡스 나는 한번도 인내한다고는 생각해본 적이 없습니다. 어릴 때 길 건너에 폭스바겐 자동차를 가진 남자가 살았습니다. 그는 자신의 차를 포르셰처럼 보이게 하려고 안달이었습니다. 그래서 오랫동안 많은 시간을 들여가며 그 폭스바겐에 갖가지 악세사리들을 붙였습니다. 포르셰처럼 멋있고 위엄 있는 차로 만들고 싶었던 것이죠. 하지만 결과는 요란하고 보기 싫은 폭스바겐만 남아 있었을 뿐이었습니다.

무슨 일을 해야 할지 선택하는 순간에는 신중해야 합니다. 일단 진정으로 원하는 것을 선택했고 그것이 가치있는 일이라면, 더 이상 고민하지 않고 자연스럽게 그 일에만 몰두할 수 있을 것입니다.

포춘 제품을 만드는 것 못지않게 새 회사를 만드는 것을 좋아하신다는 이야기가 있습니다만…….

잡스 회사를 만드는 유일한 목적은 제품을 생산하려는 것입니다. 물론 장기적인 관점에서 보면 견실한 기업을 세워 젊은이들의 재능과 문화가 꽃필 수 있는 토대를 구축하는 것도 훌륭한 제품을 계속 생산하는 데 필수적인 요소겠지요.

포춘 그렇지만 맨 처음 애플에 재직하실 때부터 새로운 회사를 만

드는 것이 당신의 목표였습니다. 픽서에서도 거의 비슷하셨
구요.

잡스 나는 운이 좋았습니다. 컴퓨터 산업이 무한한 가능성을 보여
주던 시기에 사업을 시작했으니까요. 누구도 그 분야에서 돈
을 추구하지는 않았습니다.

데이비드 패커드를 비롯한 나의 영웅들은 자신이 설립한 기
업에 모든 돈을 남겨두었습니다. 인텔의 창업자이자 현재는
고인이 된 밥 노이스도 그런 분이었지요. 내가 앤디 그로브
를 만난 것은 스물한 살 때였습니다.

나는 그에게 전화를 걸어 당신이 사업 경영에 정말로 뛰어난
사람이라는 소문을 들었는데 함께 점심 식사를 할 수 있겠느
냐고 물었습니다. 나는 다른 사람들도 그렇게 해서 만났습니
다. 그들은 모두 기업을 일으킨 사람들입니다. 요즘에는 단
지 돈을 벌기 위해 창업하는 사람들이 대부분입니다. 글쎄
요, 위대한 기업이란 그렇게 이루어지지는 않을 것입니다.

픽서에서 기뻤던 일 가운데 하나는 직원들이 부자가 되겠다
는 것보다는 오직 기술 향상에만 몰두했다는 점입니다. 그렇
다고 해도 그들은 죽는 날까지 돈 걱정을 할 필요가 없을 겁
니다. 그들의 가족은 좋은 집에서 살 수 있을 거고, 그들 자
신은 정말로 좋아하는 일에 집중할 수 있을 것입니다. 경제
적 걱정 없이 창조적인 일에 몰두하게 하는 것이야말로 창업
의 가장 큰 보람입니다.

포춘 지금까지 회사를 안정적인 상태로 이끌어왔는데, 애플이 다
시 일어날 수 있다고 보십니까?

잡스 아이맥은 우리가 나아가야 할 방향을 보여주는 좋은 예입니다. 현재 애플의 가장 중요한 전략은 컴퓨터 산업에서 소니 같은 존재가 되는 것입니다.

나는 텔레비전과 컴퓨터가 통합되리라고는 생각하지 않습니다. 오락 산업을 충분히 연구한 결과, 텔레비전은 상호작용하는 구조가 아닙니다. 사람들이 텔레비전을 보는 이유는 두뇌를 쉬게 하려는 데 있습니다. 하지만 컴퓨터 앞에는 두뇌를 사용하기 위해 앉습니다.

현재 애플은 하드웨어와 소프트웨어를 막론한 모든 부품을 생산하는 유일한 PC업체입니다. 따라서 우리가 사용법을 혁신적으로 개선시킨 컴퓨터 시스템을 생산하기로 결정한다면 고객들을 사로잡는 것은 시간 문제가 될 것입니다.

기술 향상은 어려운 부분이 아닙니다. 정작 문제가 되는 것은 어떤 제품을 만들어야 할까, 누가 구입할 것인가, 판매는 어떻게 할까, 제품을 사람들에게 어떻게 알릴 것인가 하는 것 등입니다. 아이디어가 있고 기술과 제조 설비가 있다 해도, 소비자에게 접근할 수 있는 마케팅 전략이 뒷받침되지 않으면 무용지물입니다.

포춘 애플이 컴퓨터와 관련된 다른 전자제품 사업에 뛰어들 것이라고 예측해도 되겠습니까?

잡스 만약 메르세데스에서 자전거나 햄버거 혹은 컴퓨터를 만든다고 합시다. 그런 제품에 메르세데스 로고를 붙이면 득이 될까요? 저는 컴퓨터 사업만을 유지하는 것으로도 충분하다고 생각합니다.

사람들은 새로운 아이디어를 끌어내는 데만 신경을 씁니다. 그러나 알고 보면 좋은 제품은 대부분 기존 제품의 연장선상에서 나오는 것들입니다.

예를 들면 컴퓨터는 여전히 한심한 물건입니다. 너무 복잡한 데다가 사람들의 명령을 제대로 실행시키지 못합니다. 자신이 가진 기능도 최대한 작동시키지 못합니다.

우리는 갈 길이 멉니다. 자동차는 거의 100년 넘게 생산되고 있습니다. 전화는 우리 주변에 오랫동안 있어온 물건이지만, 휴대전화가 가져온 혁명은 가히 충격적이었습니다. 바로 그러한 사실 때문에 나는 컴퓨터 혁명이 아직 초기 단계에 있다고 생각합니다. 제품의 기초를 유지하면서도 새롭고 혁신적인 변화를 이끌어낼 여지가 아주 많은 물건이기 때문입니다.

잡스가 무대 위에서 마술을 펼치고 있는 동안, 과학과 설계를 맡은 애플의 기술자들은 무대 뒤편에서 차세대 아이맥을 열심히 준비하고 있다. 잡스의 사랑과 삶의 목적이 깃들여 있는 그곳은 그토록 비옥하고 창조적인, 열정이 넘치는 공간이었다.

오러클의 회장이자 스티브 잡스의 가까운 친구인 래리 엘리슨은 《포춘》과의 인터뷰에서 말했다.

"매킨토시는 스티브의 창조성이 집약된 결정체이고, 애플은 바로 스티브 자신의 결정체이다. 그러한 이유 때문에 스티브는 임시직이란 직함을 버리고 오랫동안 애플에 머무르게 될 것이다."

인텔의 회장이자 잡스가 오랫동안 존경해 온 앤디 그로브의 말을 들어보자.

"스티브 잡스는 언제까지나 스티브 잡스일 것이다. 변하는 것이 있다면 단 하나, 그의 머리숱이 줄어들고 있다는 것뿐이다."

실천하는 사람들만이 살아남는다

창조성과 지도력의 관계를 처음으로 확인한 사람은 아마도 무명 학자였던 아브라함 매슬로 박사일 것이다. 그가 경영에 관한 책을 쓰기 시작한 것은 비틀즈가 유명해지기 시작한 1960년대 초의 일이다.

창조성이 없는 지도자는 진정한 지도자가 아니다

매슬로 교수는 1962년 여름 휴가를 이용해 캘리포니아 남부에 있는 어느 전자제품 공장을 방문했다. 그의 방문 보고서는 이름 없는 학술지에 발표되었는데, 후에 피터 드러커 같은 위대한 경영학자들에게 크나큰 영향을 미치게 된다.

그 공장은 미국 최초로 조립 라인에 팀 체제를 도입했다. 매슬로는 이러한 팀 체제가 종업원들의 사기 진작과 생산성 향상에 효과가 있다는 것을 눈으로 확인했다. 그는 관찰한 바를 상세히 기록했다. 그 기록은 30년 이상이나 시대를 앞선 선진적인 것으로 평가되고 있다.

종업원을 인적 자원으로 인식하는 풍토가 자리잡기 훨씬 이전에, 또한 경영에 대한 책이 유행하기 훨씬 이전에, 매슬로는 이른바 '자아 실현'과 '지속적 개선'에 대한 논쟁을 이끌어내기 시작했다. 그는 '계몽주의적 경영'이라는 신조어를 만들어냈고, 시너지 효과에 대한 글을 썼다. 매슬로는 팀을 조직해 문제를 직접 해결하게 하고, 노력에 정당한 대가를 되돌려주면 사람들이 창조성을 발휘하기 시작할 것이라고 말했다.

"팀으로 조직된 상황에서는 다른 사람에게 권력과 영향력을 양보할수록 내게 돌아오는 몫이 더욱 커진다. 관대해짐으로써 부를 감소시키는 것이 아니라 오히려 증대시킬 수 있다."

사업체를 올바르게 운영하려면 기업이 원인과 결과라는 연쇄반응에 종속되어 있다는 관점을 버려야 한다. '기업은 모든 부분이 다른 모든 부분과 연결되어 있는 일종의 네트워크'라는 관점을 견지해야 한다. 매슬로는 단기적 결과에 집착하는 근시안적 태도가 종종 장기적 발전을 가로막는다는 사실까지도 인식하고 있었다.

실제로 그는 회사들이 금융 대차표에 인적 자본과 소비자 선호도를 포함시키는 날이 올 것이라고 예견했다. 그리고 소련이 붕괴되기 훨씬 이전인 1970년 죽음을 앞두고 '후기 마르크스주의적' 작업장이 출현할 것이라고 예언했다. 그것은 민주주의와 도덕경영의 승리로 갈릴레오, 다윈 혹은 프로이트의 사상만큼이나 혁명적인 사건이 될 것이라고 기술했다.

오늘날 매슬로는 위대한 개척자로 인정받고 있다. 21세기 근로 방식에 획기적 변화가 올 것임을 예견했던 그의 공적은 대단히 놀라운 것으로 평가된다. 그러나 창조성과 지도력의 관계를 인식하기 위해 반드시 예언자가 되어야 할 필요는 없다.

창조성이 결핍된 지도자는 진정한 지도자라 할 수 없다. 반면에 창조적인 사업가는 지도자의 역할을 부담스러워하지 않고 모범적인 자세로 사람들을 바르게 이끌어간다. 한 걸음 더 나아가 창조성과 지도력은 동전의 양면 같은 관계에 있다고 할 수 있다.

이윤 창출의 실패는 반사회적 범죄다

톰 피터스가 그의 기념비적인 저서 《우수성을 찾아서》를 발표하기 훨씬 이전부터 고노스케 마쓰시다는 지도력과 모험 정신, 새로운 구매 경향에 관한 책을 쓰고 있었다. 그는 글을 치밀하게 쓰기 위해 노력하지는 않았지만, 자신이 지닌 창조성을 모두 쏟아부어 세계 최대의 소비재 생산업체인 파나소닉의 창업에 기여했다. 그리고 후에 계몽주의적 경영자들이 출현할 수 있는 터전을 마련했다.

1930년대, 마쓰시다는 이미 자신의 복음을 설파하고 있었다. 그는 어느 사찰을 방문했을 때 그곳 사람들이 아무런 대가 없이 행복하게 일하고 있는 것을 보고 매우 놀랐다. 이때 영감을 받은 그는 일련의 경영 지침들을 확립했다. 그가 깨달은 것은 사람은 자신이 의미 있는 일을 한다고 느낄 수 있어야만 행복한 마음으로 일을 하고 생산성도 높일 수 있다는 사실이었다. 그가 깨달은 바를 요약하면 다음과 같다.

· 종업원들을 가족처럼 대하라.
· 판매가 아닌 서비스가 영원한 고객을 창출한다.
· 양심적으로 일하는 것만으로는 부족하다. 직업과 업무에 대한 모든 책임은 전적으로 나 자신에게 있다고 생각하라.
· 사회로부터 돈과 사람, 자원을 이용하면서도 이윤을 창출하지 못하는 것은 반사회적 범죄를 저지르는 것과 같다.

그는 이윤을 창출하는 것이 아주 바람직한 일이라고 보았다. 하지만 다른 한편으로 볼 때 그의 경영철학은 모든 인류를 위한 해방 선언이라 해도 과언이 아니다.

"기업의 임무는 가난을 극복하는 것, 사회 전체를 궁핍에서 구제하는 것, 그리고 사회를 부유하게 만드는 것이다."

마쓰시다의 견해에는 다소 야심찬 면도 있었다. 하지만 파나소닉에는 아직도 그의 이야기가 전설처럼 남아 있다. 파나소닉 직원들은 오늘날에도 아침마다 사가를 부른 후 마쓰시다가 제시한 경영 원칙을 암송하고 있다.

토요타를 창업한 기치로 토요타 역시 또 한 사람의 일본인 개척자였다. 미국의 슈퍼마켓을 둘러보던 그는 좀더 효율적으로 자동차를 생산할 수 있는 방법을 발견했다. 토요타는 미국 슈퍼마켓들이 일일 판매에 기초해서 필요한 제품을 주문한다는 점에 주목했다. 식품이 진열대 위에 너무 오래 있으면 상하기 쉽고 대부분

의 슈퍼마켓들이 저장에 필요한 공간과 비용을 감당할 수 없다는
이유 때문이었다.

토요타는 이 '적시 조달' 방법을 자동차 생산 라인에 적용시
켰다. 그 결과 더 넓은 부품 창고를 확보해야 할 필요가 없어졌고
생산 대수를 원활하게 조정할 수 있었으며, 전체적인 효율성은 향
상되었고 비용은 크게 절감되었다. 오늘날 미국과 유럽의 자동차
회사들, 그리고 전세계 수많은 산업 분야에서는 적시 조달을 기본
원칙으로 삼고 있다.

목표에 부합하면 무엇이든 시도하라

사업과 창조성이 완벽하게 결합된 표본을 찾고 싶다면 빌 게이츠
를 보면 된다. 그에 관한 이야기는 작은 도서관 하나를 채우고도
남을 정도로 많이 다루어졌기 때문에 여기서는 핵심적인 것만 언
급해보자.

빌 게이츠는 맨손으로 PC 혁명을 일으켰고, 그로부터 몇 년
후 인터넷을 구축함으로써 사업을 새로운 방향으로 전환시켰다.
머지않은 미래에 텔레비전과 PC가 결합되리라 예견함으로써 텔
레비전의 앞날을 제시했고, 인트라넷 사업을 선도하기 위해 앞장
섰다. 빌 게이츠야말로 우리의 생활 방식에 영구적인 변화를 몰고
올 기술 혁명을 선도했을 뿐 아니라 그 중심에 우뚝 선 역사적 인
물이라 할 수 있다.

만약 어린 나이에 자신의 창조적 잠재력을 인식한 행운아가
있다면, 그는 평생 동안 창조적 정신을 발휘하게 될 가능성이 높

다. 조셉 엥겔베르거가 바로 그러한 사람이었다. 산업용 로봇의 아버지라고 불리는 그는 일흔한 살의 나이에 가정용 로봇의 아버지라는 또 다른 이름을 얻기 위해 노력했다.

엥겔베르거는 말한다.

"상식적으로 생각해봐도 결국에는 가정용 로봇 시장이 산업용 시장을 능가하게 될 것이 분명하다."

그는 자신의 꿈을 실현시키는 과정에서 병원용 로봇을 설계한 적도 있다. 음식물과 약, 엑스레이 사진, 환자의 기록 등을 운반해줌으로써 의사와 간호사들이 더욱 중요한 업무에 몰두할 수 있게 하는 것이 그 로봇의 임무였다.

그리고 얼마 후 그가 가정용 로봇 제작을 지원할 후원자를 찾는다는 소문이 돌았다. 엥겔베르거는 창조성을 발휘하기 위해서는 목표에 부합되는 일이라면 무엇이든 시도할 준비가 되어 있어야 한다고 생각했다.

주식 거래의 신동이라 일컬어지는 빅터 니더호퍼도 이와 똑같은 생각을 하는 사람이다. 그는 월 스트리트에서 마법사라 소문난 사람들 가운데 한 명으로, 《내셔널 인콰이어러》외에는 구독해본 신문이 하나도 없다고 당당하게 밝히는 괴짜이다. 학창 시절 하버드대학 스쿼시 챔피언이기도 했던 그는 타블로이드판 신문을 연구 수단으로 이용한다.

니더호퍼는 베토벤이 작곡한 '월광 소나타' 같은 곡의 악보를 보면서 그 변화에 따라 주식을 거래한다. 그리고 유망주를 쉽게 골라내기 위해 '로 바골라'라고 명명된 거래 패턴에 의존한다. 아프리카 어느 작은 나라의 작가인 로 바골라는 화가 나서 마을로 돌진하는 코끼리들이 항상 같은 길로 빠져나간다는 사실을 알아낸 사람이었다. 빠르게 변화하는 주식 시장에서 공황에 빠진 투기꾼들의 심리는 그러한 코끼리의 심리와 같다. 니더호퍼는 네 번 거래하면 세 번은 돈을 버는데 그것도 큰돈을 번다.

코끼리처럼 몸집이 큰 동물이 점프를 할 수 있을까? 천만의 말씀이다. 그러나 미국 최대 은행인 체이스 맨하탄은 더 나은 미래를 위해 불가능에 가까운 점프를 시도해야 했다. 체이스의 부은행장 윌리엄 해리슨 2세는 금융 시장의 틈새를 포착하자마자 팀 전체를 이끌고 시장 공략에 나섰다.

누구도 해본 적이 없는 완전히 새로운 게임이었다. 결국 체이스는 미국의 공적 자금을 흡수하기 위해 월 스트리트와 접전을 벌인 최초의 대형 소매 은행이 되었다. 해리슨은 말한다.

"큰손들과 경쟁하고 세계적으로 광범위한 상품을 제공하는 은행이 되려면, 공적 자금을 소유해야만 한다."

창조적 방법만이 승리의 전략이다

합병과 인수 분야에서 최고로 인정받는 변호사 스티브 볼크는 주위의 말을 참을성 있게 듣고, 충분한 정보를 얻어 무엇을 해야 할지 판단이 섰을 때는 번개 같은 속도로 행동에 옮길 줄 아는 사람이었다.

대결을 통해 성장하고자 했던 과거의 적대적 인수 합병 전문가들과는 달리 볼크는 모두에게 득이 되는 공동의 이해 기반을 구축함으로써 법적 문제의 매듭을 풀어내고, 힘든 거래를 매끄럽게 성사시키는 데 놀라운 재능을 발휘한다.

볼크가 속해 있는 월 스트리트의 대가들은 습관적으로 야만적인 비유법을 사용한다. 그들이 자주 사용하는 '사냥꾼'이나 '스키너(skinner : 가죽 벗기는 사람)'라는 표현들은 숲 속에서 짐승으로 위장한 채 눈빛을 번뜩이다가 날카로운 칼로 핏물이 뚝뚝 떨어지는 짐승의 내장을 들어내고 가죽을 벗기는 사람의 이미지를 떠올리게 한다.

나만의 느낌인지도 모르지만 변호사, 주식 거래인, 중개인, 은행 투자가들이 '사냥꾼'이니 '스키너'니 하는 단어를 사용할 때마다 학살의 이미지를 떠올리게 된다. 그들의 언어는 약탈과 정복을 영광스러운 일로 생각하는 투자자들의 세계와 잘 어울린다. 물론 월 스트리트에서 사용하는 '죽이다', '쏘다', '매복하다' 등의 표현은 전쟁이나 죽음이 아닌 직업과 업무에 관련된 것들이다.

'포로를 잡지 못하다'라는 표현은 특정 거래를 의미한다. '심장 관통', '경상', '걸어다닐 정도의 부상을 입다', '처형', '죽이거나 죽다' 등의 표현도 마찬가지이다. 또한 월 스트리트에서는 고객을 그냥 죽이는 것이 아니라, '고객의 얼굴을 찢어 죽이다'라는 표현을 쓴다.

사람들이 서로를 죽이고 살해하는 것으로 표현되는 그 세계에서 '사냥꾼'과 '스키너'들은 창조성을 발휘해 돈을 번다. 인수 대상을 발견한 '사냥꾼'은 먹잇감을 포획해서 안전한 곳에 옮겨놓는다. 수익을 올린 '사냥꾼'은 보너스를 받아들고 즐거워한다.

일단 '사냥감'이 확보되면 '사냥꾼'은 그 시체를 '캠프', 즉 사무실에 가져다놓고 다시 사냥을 나선다. '스키너'들은 남겨진

시체에서 가죽을 벗기고 고깃덩어리를 잘라 관리하기 편하도록 조각낸다.

'스키너'들은 모두 그 방면에 전문가이다. 그들은 날이면 날마다 산더미 같은 서류를 처리하고 유통과 소비에 알맞도록 '시체를 손질한다'. 그 과정은 일종의 조립 생산 라인 같은 것으로 수세대를 거치면서 효과가 입증되었다. '사냥꾼'이 없으면 '스키너'는 할 일이 없고, '스키너'가 없으면 '사냥꾼'은 사냥을 할 수가 없다. 그러나 흔히들 그 사업에서는 '사냥꾼'이 훨씬 더 중요한 사람으로 인식된다.

사냥꾼과 스키너. 두 사람은 모두 살아남기 위해 창조성을 발휘해야만 한다. 투자 금융업이라는 대단히 치밀하고 경쟁적인 세계에서 기회를 포착하고 이용하기 위해서는 '사냥꾼'의 본능과 숙달된 손재주가 필요하다. 목표물의 위치가 파악되면 신속하게 일격을 가한 다음, 미리 약속된 소리로 상대방을 불러 계약을 체결해야 한다. 한편 사무실에서는 노획품을 분리해서 최상품과 중간 등급을 골라내고, 남은 것들로는 새로운 상품을 가공해야 한다.

이때는 창조적 방법을 실행하는 것만이 승리의 전략이 될 수 있다. 그러나 상식적으로 생각해볼 때 '사냥꾼'들은 대개 혼자서 일하므로 '사냥꾼' 1명당 '스키너' 10명 정도가 필요하다는 것을 알 수 있다. 대형 은행에서는 '스키너' 대 '사냥꾼'의 비율이 20 대 1을 넘기면 문제가 발생한다. 그 기준을 초과해버리면 아무리 창조적으로 일한다 해도 성공을 보장할 수 없다. 충분한 재료가 공급될 수 없기 때문이다.

고객의 눈과 귀를 겨냥하라

광고가 사업의 성패를 좌우하는 현대사회에서 가장 도전적이고 창조적이라 할 수 있는 모험은 경쟁자를 신속하게 사살해버리는 것이 아니라 최단 시간 내에 최대한 많은 고객들에게 접근하는 것이다.

'눈이 아니라 귀를 겨냥하라. 귀를 정복하면 눈은 자연히 따라온다.' 이 사실을 가장 잘 아는 사람이 광고업에 종사하는 사람들이다. 그들이 창조해낸 매력적인 카피는 많은 사람들의 뇌리에 깊이 새겨진다. 다음은 몇 가지 예들이다.

· 나이키 : 지금 실행하라
· 코카콜라 : 코카콜라, 그것뿐!
· 올스모빌 : 아버지의 차가 아닙니다
· 버거킹 : 쇠고기가 어디 있지?
· TWA : 당신의 항공사가 되어 드리겠습니다
· 낙농업협회 : 우유 드셨어요?
· 마이크로소프트 : 오늘 당신은 어디를 향하고 있습니까?

대통령 선거에 출마하기도 한 매스 미디어의 영원한 제왕, 스티브 포브스의 말도 빼놓을 수 없다. 그는 자신의 세계관을 '균등소득세'라는 두 단어로 표현했다. 창조적인 카피는, 그리고 하이쿠 선시처럼 경탄을 자아내는 카피는 언제나 단순한 것이다.

카이 알먼은 임플로이어스 리인슈런스의 최고 경영자였다. 그 회사는 제너럴 일렉트릭의 핵심 사업인 캐피탈 부문을 25퍼센트나 점유하고 있다. 알먼은 강철 심장을 가진 사람으로 알려져 있었지만, 알고 보면 천성이 자유롭고 유쾌한 사람이었다.

캔자스에 있는 중앙본부에서 근무하던 그는 어느 날 이제 모험을 할 때가 왔다고 생각했다. 그는 직원들 모두를 자신의 붉은색 시보레 서버번에 태운 다음 인적이 드문 대자연 속으로 여행을 떠났다. 며칠 후 덴마크 출신 알먼과 그의 패거리들이 엉뚱하고 신나는 여행을 마치고 회사로 돌아왔을 때, 그들 손에는 새로운 금융 상품이 다섯 가지나 들려 있었다. 그 신상품의 효과는 수백만 달러의 수익 증가로 나타났다.

후에 알먼은 회고했다.

"너무 재미있었어요. 물론 비즈니스 이야기를 많이 했지요. 사실 공통점이라고는 그것밖에 없었으니까. 우리는 짧은 여행을 했을 뿐입니다. 하지만 한 달 내내 회의를 했을 때보다 더 많은 것을 가지고 돌아왔습니다."

코그넥스의 최고 경영자였던 로버트 쉴먼은 매번 사람들의 웃음을 자아냈다. 한때 MIT 공대 교수이기도 했던 쉴먼은 심지어 신입사원 환영회에 코미디언처럼 입고 나타나서 사람들을 포복절도하게 만들기도 했다. 그는 직원들을 '코그노이드(코그넥스의 백치들)'라고 부르며, 사내 록 밴드의 반주에 맞춰 전직원 앞에서 사가를 선창하곤 했다. 또한 직원들의 사기를 높이고 의욕을 북돋워주기 위해 현금 보너스를 1만 달러씩이나 지급하고, 15년차 근속자에게는 해외여행을 보내주었다.

쉴먼은 자신이 왜 그런 행동을 하는지를 설명했다.

"익살스러운 행동은 경영자와 노동자를 가로막는 장벽을 무너뜨립니다."

그의 행동은 옳았다. 최근에 《포춘》은 코그넥스를 성장 속도가 빠른 기업 52위에 선정했다.

생각하지 못한 틈새시장을 노려라

창조적 정신을 가진 사람은 예기치 못한 기회를 포착하기도 한다. 캐나다인들의 경우를 예로 들어보자.

미국을 제외한 많은 자본주의 국가들이 쿠바 경제가 잠에서 깨어나 꿈틀대는 것을 보고 있다. 따라서 미국은 쿠바를 장애물로 보지만 캐나다는 쿠바를 기회의 땅으로 본다. 미국인들은 쿠바를 향해 정치적 공세를 퍼붓기에 여념이 없다. 하지만 캐나다인들은 틈나는 대로 쿠바에 몰려가 조만간 시작될 경제 침략의 교두보를 확보하려 애쓰고 있다. 그 공격의 선봉에 선 사람이 바로 캐나다인 이안 델라니이다.

그는 쿠바의 가장 큰 서구 자본 기업으로 에너지와 채광 분야에서 활발한 사업을 펼치고 있는 셰리트 인터내셔널의 회장이다. 델라니는 짝을 찾는 늑대처럼 치밀한 준비 후 카스트로에게 접근해 공산주의의 붉은 영웅과 사랑을 나누는 데 성공했다. '맨 처음 시장을 정복한 사람이 그 시장을 얻게 된다'는 법칙이 사실이라면, 셰리트는 이미 자신과 비슷한 야망을 품고 쿠바에 상륙하고 있는 미국 기업들을 멋지게 따돌린 셈이다. 델라니의 선전포고는 단호하다.

"쿠바는 세계에서 가장 유망한 투자 대상입니다."

그의 예상이 맞다면 위험을 감수하고 미국에 대항하면서까지 카스트로에게 구애한 그의 용기는 상상을 초월하는 이익을 가져다주게 될 것이다.

한편 미국에서 창조적인 경영자들이 주목하고 있는 사실은 중산층이 줄어들고 부유층과 서민층이 두터워지고 있다는 것이다. 이에 따라 그들은 이미 2중 마케팅이라는 새로운 전략을 세워두고 있다. 예를 들어 바나나 리퍼블릭에서는 고급 청바지를 48달러에 팔지만, 같은 회사 소속인 올드 네이비 대리점에서는 같은 종류의 중저가 제품을 22달러에 판다. 이러한 전략으로 두 체인점 모두 최고의 매출을 올리고 있다.

통신회사들은 최고가를 자랑하는 최신형 전화기가 진열된 이른바 통신 아케이드를 차려놓고 부유층 고객을 끌어들인다. 모토로라는 전세계를 돌아다니는 대기업 간부들을 위한 3000달러짜리 위성 핸드폰을 발매하기도 했다. 음식 산업도 혁명의 소용돌이에 휩싸여 있다. 어느 음식 전문 컨설턴트는 말한다.

"40달러나 50달러짜리 메뉴는 인기가 많습니다. 문제는 20달러짜리 메뉴죠."

중산층이 감소하고, 가진 자와 못가진 자의 격차가 심화되고 있으며, 계층간의 분리가 시장의 양극화를 초래하고 있는 상황에서 현명한 경영자라면 기존 가격표가 붙은 재고를 쌓아두고 고민하지는 않을 것이다.

때때로 창조성은 사물을 있는 그대로 볼 줄 아는 능력을 의미한다. 아메리칸 익스프레스의 사장 케네스는 수많은 고객들이 회사에 등을 돌린 이유를 냉철하고 객관적인 눈으로 설명한다.

"과거에 우리 회사는 오만했으며, 치열한 경쟁에 현실적으로 대처하지 못했습니다."

이 말을 더 자세히 해석하면 이런 뜻이 될 것이다.

"지난 4년 동안 우리는 외부의 주목을 한몸에 받았기에 겸손하지 못했습니다. 우리는 상인들에게 너무 많은 수수료를 요구했습니다. 이제 우리는 그동안 멀어졌던 고객들의 환심을 사기 위해 노력하고 있으며 그에 따라 수수료도 대폭 인하했습니다."

메인 스트리트와 월 스트리트에서는, 마침내 아메리칸 익스프레스가 오랜 자아 도취에서 깨어나고 있다는 말이 들리고 있다. 실제로 많은 자영업자와 상인들 그리고 레스토랑 사장들은 그들이 오랫동안 아메리칸 익스프레스에 이용당해왔다고 느꼈다. 그러나 이제 새로운 전략과 서비스로 무장한 아메리칸 익스프레스는 옛 친구들을 되찾기 위해 진심에서 우러난 호의를 베풀 것이다.

가장 성공적인 광고회사 중 하나인 레오 버넷의 사장 짐 오츠는 유명한 미식축구 감독인 우디 헤이즈로부터 엄격한 노동관과 경영 스타일 그리고 강한 창조적 정신을 배웠다고 말한다. 그는 헤이즈가 들려준 몇 가지 일화를 통해 자신의 인생관이 형성될 수 있었다고 회고한다.

"헤이즈가 이런 이야기를 들려주었죠. 한 시골 어린이가 체육 선생님을 찾아가 어떻게 하면 힘센 사람이 될 수 있느냐고 물었습니다. 선생님은 매일 농장에서 송아지를 들어올리면 여름방학이 끝날 무렵에는 훨씬 더 힘센 사람이 되어 있을 거라고 말했습니다. 그 이야기가 나에게 던져준 교훈은, 어린이가 매일 송아지를 들어올리듯 나도 매일 새로운 것을 배워야겠다는 것이었죠. 나는 지금도 날마다 새로운 것을 배우기 위해 노력합니다.

헤이즈에게 배운 또 다른 원칙은 공격을 할 때마다 터치다운을 할 수는 없다는 것이었습니다. 우리는 성공을 여러 조각으로 나눠야 합니다. 관리할 수 있는 크기로 쪼개야 하는 것이죠. 그때부터 나는 대형 프로젝트나 큰 문제들이 닥칠 때마다 그런 식으로 해결했습니다. 한번에 한 걸음씩 가다 보면 골라인을 넘어 터치다운을 하게 됩니다.

헤이즈가 가르쳐준 세번째 교훈은 성공은 다른 사람들과 함께 쟁취해야 한다는 원칙입니다. 기업을 성공으로 이끄는 것은 그 기업 직원들의 능력과 땀, 노력입니다. 우디에게도 그랬고 내게도 마찬가지입니다."

전쟁터를 방불케 하는 컴퓨터 업계에서 컴팩, IBM, 휴렛 패커드, 애플과 같은 중량급 기업들과 맞붙는다는 것은 여간 어려운 일이 아니었다. 그러나 델 컴퓨터를 창업한 마이클 델은 경기장에 들어가지도 않고 거인들을 물리쳤을 뿐 아니라 스스로 거인으로 성장한 특별한 인물이다.

델은 처음부터 컴퓨터 시장의 틈새를 놓치지 않고 공략했다. 경쟁사들과는 달리 델은 눈이 번쩍 뜨이게 하는 하드웨어 신상품을 개발하지 않는다. 델은 믿을 만한 컴퓨터를 조립하고 판매했으며, 자사 제품을 고객들에게 직접 판매하기 위해 제조회사, 유통업자, 소매점으로 구성된 산업 네트워크에서 의도적으로 벗어났다. 실제로 델은 주문을 받기 전에는 절대로 컴퓨터를 생산하지 않는다.

인터넷이 구축되자 델의 사업은 더욱 호전되었다. 1분마다 걸려오는 전화 주문 외에도 인터넷을 통해 매일 수천 건의 주문이 쇄도했다.

'인터넷보다 훌륭한 통신망이 있다면 텔레파시뿐일 것'이라고 말하는 델은 자신의 사업이 앞으로도 계속 발전할 것이며, 인터넷 덕분에 언젠가는 업계 1위로 올라설 것이라고 전망했다.

영국의 사업가인 펠릭스 데니스가 창조성을 발휘하고 성공할 수 있었던 것은 파도의 앞쪽을 선점하는 능력 때문이었다.

데니스는 말한다.

"내게는 특별한 재능이 한 가지 있습니다. 그건 바로 사람들이 무엇을 원하는지를 그들 자신보다 2분가량 빨리 알아내는 능력입니다."

1970년대 데니스는 〈스타워즈〉나 〈ET〉처럼 영화사에 기록될 만한 블록버스터 대작들을 소재로 마니아용 영화잡지를 발행하려는 아이디어를 떠올린 적이 있다. 1980년대 애플의 매킨토시가 시장에 나오자 그는 유럽 최초의 매킨토시 전문잡지인 《맥유저》를 발행했다. 후에 그는 《맥유저》의 미국 판권을 2600만 달러의 가격으로 지프 데이비스에 매각했다. 1990년대 들어 그는 자신이 창업한 컴퓨터 통신판매 회사의 지분을 8300만 달러에 매각했다. 그는 최근에 미국에서 새로운 남성 잡지를 발행하겠다는 계획을 발표했다.

"미국의 남성 잡지는 따분하기 이를데 없습니다. 너무나 심각한 내용뿐입니다. 《지큐》는 섹스(sex)보다 삭스(socks)를 더 좋아하는 잡지입니다."

물론 데니스는 섹스를 더 좋아한다. 그의 외설적인 출판물로 인해 미국 남성 잡지 시장은 새로운 흐름을 타게 될 것이다.

진단 없는 처방은 사고를 부른다

IBM의 최고 경영자 루 거스트너는 탁월한 문제 해결 능력과 섬뜩할 정도로 정확한 예감을 통해 자신의 창조성을 보여준 인물이다. 그가 맨손으로 쓰러지기 일보 직전인 IBM을 위기에서 구하고, 그 거인을 정상권으로 회복시키는 과정을 지켜본 사람들은 하나같이 기적이 일어났다고 생각했다. 그러나 그 이면에는 직원들에게 고통스러운 결정을 내려야 하고, 주위 사람들의 경멸과 반대를 이겨내야 했던 험난한 과정이 놓여 있었다.

루의 오랜 동료이자 IBM의 수석 변호사인 래리 리치아르디의 말이다.

"루는 복잡한 일을 즐깁니다. 5차원 체스 게임 같은 것 말이죠."

사람들의 마음을 하나로 묶는 일이라면 거스트너를 당할 사람은 없다. 몇 년 전 그는 신년사를 통해 전 세계의 종업원들에게 말했다.

"우리는 더 이상 숨을 곳이 없습니다. 올 한해는 우리 모두의 역량을 평가받는 해가 될 것입니다. 1994년은 우리가 생존할 수 있음을 입증한 해였습니다. 1995년은 우리가 안정을 되찾은 해였습니다. 1996년은 우리가 성장할 수 있다는 것을 보여준 해였습니다. 1997년, 올 한해는 우리가 남보다 앞서갈 수 있다는 것을 보여주는 해로 기록되어야 합니다. 이제 더 이상 변명의 여지가 없습니다. 우리의 행동은 이미 하나로 통일되어 있기 때문입니다."

직설적인 행동가의 직설적인 발언이다. 아직도 IBM은 회생 가능성을 놓고 전문가들의 최종 판결을 기다리고 있다. 그러나 1993년 거스트너가 최고 경영자로 부임하지 않았더라면 IBM은 판결 대상에도 오르지 못했을 것이다.

인적 자원 컨설팅 회사인 타워스 페린은 닛산 USA로부터 사업장 내부에 다양성을 창출하기 위한 프로그램 개발을 의뢰받았지만, 스스로 회사의 우수성을 드러낼 수 있는 절호의 기회를 걷어차버리고 말았다.

《월 스트리트 저널》에 따르면 타워스 페린이 목표한 것은 다음과 같은 말로 요약될 수 있다.

"우리는 기업을 자세히 연구한 다음, 고객의 요구에 적합한 프로그램을 맞춤 생산하겠습니다."

'진단 없는 처방은 사고를 부른다' 는 것이 타워스 페린의 신조였다. 그러나 4개월 후 타워스 페린이 121쪽 분량의 연구 결과를 제출했을 때, 그 대가로 10만 5000달러를 지불해야 하는 닛산의 경영진은 실망감을 감출 수 없었다.

닛산에서는 그 보고서를 다음과 같은 말로 평했다.

"너무 광범위하고 포괄적이어서 우리가 무엇을 해야 할지 하나도 보여주지 못했다. 결코 닛산을 위해 재단된 옷이 아니었다."

그 평가는 정확했다. 타워스 페린이 닛산에 보고서를 제출하던 바로 그날, 톰슨 일렉트로닉스도 타워스 페린으로부터 '놀라울 정도로 비슷한' 보고서를 받았다. 톰슨이 받은 보고서의 아홉 가지 주요 계획들은 닛산이 받은 보고서와 단어 하나까지 일치했다.

주요 계획에 딸린 54가지 '전술과 목표'도 마찬가지였고, 실천 방안으로 제시된 13가지 항목도 마찬가지였다.

이 문제를 더욱 깊이 있게 조사한 《월 스트리트 저널》은 타워스 페린이 자신들에게 일을 의뢰한 7개 회사에 제시한 '대부분'의 충고가 '동일했다'는 사실을 밝혀냈다.

도대체 타워스 페린의 경영진은 어떤 생각을 했던 걸까? 타워스 페린의 직원들은 감춰진 진실이 언젠가는 드러나게 마련이라는 어릴 적 교훈을 깡그리 잊고 있었던 걸까? 이 이야기는 창의성의 힘을 끌어내지 못한 기업이 어떤 결과를 맞게 되었는지 보여주는 좋은 예이다. 그 대가로 그들에게는 공개적 망신이라는 무서운 형벌이 돌아갔다.

GTE의 회장 척 리는 전세계 기업에서 파견된 경영의 천재들과 하버드 경영대학원에서 함께 공부하던 때를 기억하고 있다.

그는 어느 날 한 연구팀에 참가해서 재능 있는 경영인들로 구성된 다른 팀들과 컴퓨터로 모의 경영 게임을 벌이게 되었다. 모든 팀들은 자신들이 가장 똑똑하다고 확신하고 있었기에 저마다 승리를 장담했다. 척의 팀도 자신감에 차 있었으나 결과는 패배였다. 척의 팀이 모일 때마다 그들 가운데 한 천재가 매번 새로운 계획을 내놓은 것이 패인이었다.

이 이야기의 교훈은 무엇보다 팀워크가 중요하다는 것과 자주 계획을 바꾸지 말라는 것이다. 더욱 중요한 교훈은 처음부터 완전한 계획을 세우고 끝까지 밀고 나가야 한다는 것이다.

현재 척 리가 보여주는 창조적 능력은 다음과 같은 말로 요약될 수 있다. 완전한 계획을 세우고 참가자들에게 자극과 격려를 아끼지 않는다. 그런 다음 그 계획이 성공적인 결말로 마무리되도록 최선을 다한다.

주어진 기회를 절대 놓치지 마라

레오나드 리지오가 서점 사업을 했던 방식은 홈 데포트가 철물 사업을 했던 방식에 비교될 수 있다. 서적 판매의 초대형 업체인 반즈&노블의 최고 경영자 리지오는 언제나 대범하게 생각하는 사람이다. 그는 말한다.

"대학을 졸업하면서 철물점에 취직했더라면 나는 지금 홈 데포트의 주인이 되었을 것이다."

리지오는 1971년 당시, 맨해튼 변두리에서 시름시름 앓고 있던 반즈&노블 서점을 매입했다. 서적 판매업체들을 합병해 나가던 리지오는 사실상 혼자 힘으로 대형 매장 개념을 완성시켰다. 대대적인 할인 행사를 열어 수만 명의 새 고객을 끌어들인 사람이 바로 리지오였다. 일요일에도 서점 문을 열고, 날씨와 상관없이 머물 수 있는 마을 광장 비슷한 공간을 마련해 카푸치노 커피와 편안한 의자를 제공하고, 요리 시연회를 열거나 때로는 어릿광대를 고용해 볼거리를 만들어준 사람도 바로 리지오였다.

베스트셀러 작가인 노라 에프론은 말한다.

"그는 그 모든 노력이 어떤 효과를 창출하는지 잘 알고 있었습니다. 미국에는 그런 곳들이 많긴 하지만 그곳은 마치 테마 파크 같은 곳이죠."

규모가 작은 서점들은 테마 파크 때문에 그들의 사업이 위축

된다고 불만을 토로한다. 그러나 리지오는 이러한 불평에 아랑곳 없이 이 모두가 단지 시작에 불과할 뿐이라고 말한다. 그는 온라 인 사업을 구상하고 있으며 500개의 대형 매장을 추가할 계획을 갖고 있다.

그러나 승승장구하던 반즈&노블을 골치 아프게 만드는 사람 이 있었다. 그것은 바로 인터넷 서점 아마존을 창업한 제프리 베 조스였다. 그는 프린스턴대학에 다녔던 시간보다 더 짧은 시간 내 에 억만장자 위치로 수직 상승한 사람이었다. 쿠바 난민의 아들인 베조스는 어린 시절부터 풍부한 창조성을 보여주어 주위 사람들 을 놀라게 했고 그러한 재능을 바탕으로 세계 최초의 인터넷 서점 을 건설했다.

유치원에 다닐 때부터 그는 너무 집중력이 강하고 똑똑했기에 유치원 선생님들이 수업 시간에 다음 단계의 특별 과제를 따로 내 줘야 했을 정도이다. 사춘기 때 그는 진공청소기로 호버 크래프트 (hover craft : 압축 공기를 분출하면서 수면 위를 나는 탈 것)를, 우산으 로 태양열 냄비를 만들려고 시도했다.

고등학교 시절에는 자칭 '꿈의 학교'를 열기도 했다. 그것은 일종의 여름 학교 프로그램으로서, 다른 친구들의 창조적 사고를 촉발시키는 것이 목적이었다. 대학에서는 컴퓨터과학을 시작했 고, 그러던 어느 날 갑작스레 투자 은행인 쇼&컴퍼니의 최연소 부 사장이 되었다. 그에게 주어진 임무는 인터넷에서 투자 대상이 될 만한 멋진 아이디어를 건져올리는 것이었다.

얼마 후 새로운 기회를 발견한 베조스는 자신의 새로운 꿈을 실현하기 위해 모든 것을 정리했다. 그는 사업 계획을 세우고 투자자들을 찾은 다음 시애틀에서 사업을 시작했다. 그는 갓 태어난 자식의 이름을 아마존이라고 지은 다음, 인터넷상에 문을 열었다. 결과는 대성공이었다.

불가능을 현실로 만드는 창조성

인텔의 회장 앤디 그로브의 철학은 간단하다. 비싸고 정교한 칩을 만들어서 증가하는 PC 시장에 공급하라는 것이다. 그 목적을 이루기 위해 그는 수십 개의 컴퓨터 관련 기업에 돈을 투자하고, 새롭고 흥미로운 칩 기술을 개발하고, 약 9개월마다 거대한 공장을 신축하고, 미래의 제품을 개발하기 위해 새로운 연구소를 창립하고 있다.

인텔의 기술자와 과학자들은 디지털 사진 기술을 정복하기 위해 노력하고 있으며, 3차원 영상과 멀티미디어 기술 개발은 물론, 전세계 시장을 가상 현실 속으로 끌어들이는 작업에 몰두하고 있다. 인텔은 현재 창조의 열풍에 휩싸여 있다고 해도 과언이 아니다. 그들은 물을 만난 물고기처럼 컴퓨터 업계 선두 주자로 질주하고 있다.

인텔의 구조연구소 소장 크레이그 커니는 말한다.

"우리의 주요 목표는 인텔 제품뿐만 아니라 모든 제품의 시장을 활성화시키는 것입니다."

경쟁자들도 인텔의 정책을 반긴다. 인텔의 경쟁사인 AMD의 최고 경영자 제리 샌더스는 이렇게 말한다.

"컴퓨터 시장의 수요 창출을 위한 일이라면 어떤 것이든 좋습니다. 그들의 투자가 산업 전체를 이끌고 있습니다.”

막대한 돈과 풍부한 재능, 강력한 두뇌 집단, 바로 이것이 인텔의 성공을 보장하는 공식이다. 인텔은 지금도 새로운 기술을 개발하고 있으며, 미래에 대한 낙관론과 비관론을 모두 수용하면서 세계 시장을 개척하고 있다.

때로 창조성은 혁명을 의미할 수도 있다. 목공 기술자 노동조합 연맹의 지도자인 더글라스 맥캐런은 기업의 구조조정 정책을 연맹에 적용시킴으로써 평화롭고 안락한 세계를 발칵 뒤집어놓은 인물이었다. 그의 창조성은 불가능을 현실로 만들었다. 맥캐런은 반문한다.

“조합에서 일한다는 이유만으로 평생 직장을 보장받을 수 있나요?”

그는 직원의 3분의 1을 해고했고, 몇몇 불필요한 부서 전체를 폐쇄했으며, 인쇄를 비롯한 일부 업무를 하청으로 돌렸다. 그가 지부 조직들을 폐쇄하자 거센 항의의 목소리가 넘쳐났다. 그러나 전국적으로 노동 조직이 축소되고 각 지부들이 좀더 효율적인 조직으로 개선되어 가자 처음에 그들이 받았던 충격은 감탄으로 바뀌었다. 불과 반 년 만에 연맹에는 1300명의 조합원이 새로 가입했다.

맥캐런에게 연맹을 성공적으로 운영하는 것은 기업을 성공적으로 운영하는 것과 같은 일이었다. 그의 기업 성장 원칙은 간단하면서도 분명하다.

첫째, 비용을 절감하라.

둘째, 생산성을 높여라.

셋째, 성장하라.

그는 반대자들에게 말한다.

"사람들이 분명히 알아야 할 한 가지 사실이 있습니다. 우리가 이곳에서 일하는 목적은 조합원들 돈으로 가장 좋은 제품을 공급하기 위해서입니다."

미국 목공 기술자 노조에 가입한 목수들은 분명 그들이 조합비를 내면서 예상했던 것보다 더 큰 보상을 받고 있을 것이다.

수많은 사람들이 직장에서 최대의 성과를 올리기 위해 땀과 눈물을 흘린다. 그러나 때로 성공은 눈먼 행운이나 운명의 손에 조종되기도 한다. 예를 들어 어떤 과학적 발견은 아주 우연히 얻어진다.

메릴랜드대학에서도 그와 같은 우연적인 발견이 있었다. 덕분에 인류는 조만간 에이즈를 추방할 수 있을지도 모른다. 문제는 어느 과학자가 실수로 암컷 생쥐들을 수컷 우리에 집어넣으면서 시작되었다. 그 수컷 생쥐들에게는 에이즈와 관련된 암의 일종인 카포시 육종 세포가 주입되어 있었다. 이 실수로 인해 실험 전체를 망칠 수도 있었다.

하지만 곧이어 그 문제는 새롭고 혁신적인 발견으로 이어졌다. 암컷 생쥐들이 새끼를 밴 후 카포시 육종에 면역성을 갖게 되었다는 사실이 발견된 것이다. 그리고 마침내 새끼를 밴 생쥐의 특정한 호르몬이 카포시 육종의 암세포를 죽인다는 사실이 밝혀졌다. 더욱 흥미로운 것은 다수의 환자들을 대상으로 실험한 결과 생쥐의 암세포를 죽인 그 호르몬이 인간의 암세포도 죽인다는 사실이다.

원하는 일을 할 때 최고의 성취감을 느낀다

스탠리 매튜스는 한때 악몽과 같은 삶을 살기도 했지만 결국에는
자신이 만든 꿈의 세계에 들어가게 된 사람이다. 매튜스는 기업
간부도 아니었고, 간부가 되겠다는 생각도 없었다. 하지만 그는
잿더미 위에서 유용하고 창조적인 삶을 재건하는 모습을 보여준
사람이었다.

스탠리는 열두 살 때 말 그대로 세상이 무너져내렸다. 공터에
서 놀고 있을 때 건물 담장이 그를 덮쳤던 것이다. 그날 이후 스탠
리의 삶은 180도 달라졌다. 몇 달 후 병원 침대에 누워 있던 그가
혼수상태에서 깨어났을 때, 그는 부모를 알아보지 못했고 자신이
누구인지도 기억해내지도 못했다. 끊임없이 침과 콧물을 흘렸고,
대소변을 가리지 못했으며, 혼자서는 아무것도 먹을 수 없었다.

의사들은 그를 정신병원에 보내야 한다는 절망적인 진단을 내
렸다. 그러나 트럭 운전사였던 스탠리의 아버지는 의사들의 말을
듣지 않았다. 아들을 집으로 데려간 그는 스탠리의 삶을 되돌리기
위해 2년이라는 긴 시간 동안 온갖 노력을 기울였다.

그러나 결국 그의 아버지도 백기를 들고 말았다. 그리고는 스
탠리에게 말했다.

"스탠리, 사람들이 널 바보라고 부를지도 모르겠구나. 하지만
넌 언제까지고 내 아들이야. 그러니 이제부터는 네 스스로 살아가
는 법을 가르쳐야겠다."

몇 년 후 스탠리는 그때의 일을 회상했다.

"그때 아버지는 훔치는 법을 가르쳐주었지요. 그것고 아주 잘

가르쳐주었어요. 하지만 늘 필요한 만큼만 훔치라고 말했습니다.”

그렇게 해서 스탠리는 도둑질을 하게 되었다. 그러나 열여덟 번째 생일이 다가오던 어느 날 그는 깨어나기 시작했다. 우선 그는 읽고 쓰는 법을 스스로 터득했고, 그런 다음 군대에 지원했다. 그는 참으로 오랜만에 정상인처럼 보이기 시작했고, 정상인처럼 느끼기 시작했다.

얼마 후 그는 결혼을 했고 두 아이의 아버지가 되었다. 그의 두 아들 중 한 명은 세계적인 테니스 선수가 되기를 꿈꾸었고, 스탠리는 매일같이 아들을 격려해주었다. 그의 아들은 영국 랭킹 7위의 선수가 되었고 윔블던 대회에 출전했다.

스탠리 자신은 5년 동안 열심히 공부하고 특수 훈련을 받은 후에 런던 택시 운전사 면허를 취득했다. 그러고는 1998년 예순 다섯 살이 될 때까지 운전대를 놓지 않았다. 은퇴 후 그는 편안한 삶에 만족하지 않고 집 뒷마당에 작업장을 만들어 두번째 직업에 몰두하기 시작했다. 바로 장난감 성과 인형의 집을 만드는 일이었다.

스탠리 매튜스는 일생에 단 한번도 장난감 성이나 인형의 집을 만들어본 적이 없었다. 스탠리가 그 일에 몰두한 것은 단지 그 일을 원했기 때문이었다. 그는 그 이상은 생각해 본 적이 없다. 스탠리는 말한다.

“나는 할 수 있다고 생각했습니다. 지금까지 살아오면서 배운 것이 있다면 인간은 누구나 자기가 좋아하는 일을 할 수 있다는 사실입니다.”

여러분은 평일이면 언제든 켄트에 있는 그의 집 뒷마당 작업장에서 스탠리 매튜스를 볼 수 있다. 지금 이 시간에도 그는 동화 속의 물건들을 창조하고 있을 것이다. 그것이 그의 세번째이자 아마도 마지막이 모험이 될 것이다. 그러나 그는 지금도 자신의 가슴은 뜨겁고 영혼은 충만해 있다고 말한다.

"나는 원하는 일을 하고 있습니다. 더 이상 무엇을 바라겠습니까?"

오래전부터 유명한 와인을 생산해온 집안에서 태어난 도전적인 20대 청년 세 명의 이야기를 살펴보자. 그들의 목적은 신세대 젊은이들을 마티니와 고급 맥주로부터 와인의 세계로 다시 불러들이는 것이었다. 그들은 샤토 와인과 포도원이 연상되는 고급 와인의 이미지를 새롭고 근사한 이미지로 바꾸는 일에 착수했다.

이들 세 명의 자칭 '와인쟁이'들은 첨단 유행의 전시장인 번화가에서 광적인 와인 파티를 열고 있으며, 《와이넥스》라는 정보지를 발행해 와인과 관련된 구식 용어와 에티켓을 소재로 재미있는 농담들을 퍼뜨리고 있다. 《와이넥스》는 와인의 맛, 술을 마신 뒤 오는 숙취에 관한 이야기 등 다양한 이야기들을 싣고 있으며, 회원들을 대상으로 한 세미나를 통해 정보 교류의 마당을 마련하고 있다.

예를 들어 어떤 세미나에서 그들은 팝콘이나 콘칩을 와인에 곁들여 먹는 방법을 소개한다. 결과는 아직 두고봐야 알겠지만 세 명의 '와인쟁이'들은 맥주보다는 와인을 마시는 충성스런 와인 애호가들이 미래 시장에 출현할 것임을 확신하고 있다.

헐리우드에서는 원래 온갖 창조성 넘치는 사람들이 각축전을 벌이고 있지만, 그중에서도 헐리우드의 경영자들은 창조성을 새로운 차원으로 끌어올렸다. 그들은 영화 스크린 위에 군인들의 용기, 분노, 좌절 등을 실감나게 표현하기 위해 전투로 단련된 전역 해병대원을 고용했다.

"스타를 하사관으로 훈련시킨다"고 말하는 데일 다이 대령은 세 번이나 해외에서 복무했으며, 베트남에서 총상을 입기도 한 베테랑으로 전쟁 영화에 출연하는 스타들을 훈련시키는 일종의 신병 훈련소를 운영한다.

"군화를 신고 1마일 이상 걸어보지 못한 사람은 훌륭한 군인의 모습을 표현해낼 수 없다."

다이 대령은 올리버 스톤 감독이 〈플래툰〉을 제작할 때 많은 도움을 주었다. 덕분에 플래툰은 영화 사상 가장 사실적인 전쟁 영화라는 찬사를 받게 되었다. 후에 그는 제2차 세계대전을 배경으로 한 스티븐 스필버그의 전쟁 영화 〈라이언 일병 구하기〉에서 톰 행크스를 비롯한 여러 배우들과 함께 일했다. 다이는 배우들에게 본명을 사용하지 말도록 명령했다. 〈라이언 일병 구하기〉를 찍기 위해 마련된 신병 훈련소 입소식에서 그는 늑대의 울부짖음같이 강렬한 연설을 했다.

"여러분들에게 이곳은 잠시 거쳐가는 곳일지 모른다. 그러나 내게는 이곳이 바로 전쟁터이다. 여러분들에게는 조국을 위해 땀 흘려 일하는 국민들을 모욕하고 실망시킬 수 있는 권리가 없다. 나는 조국을 배신하지 않을 것이다. 내 말을 이해한다면 여러분도 조국을 배신하지 못할 것이다."

영화에 캐스팅된 배우들은 그 의미를 이해할 수 있었다. 그들은 일주일 동안 진흙탕을 기고, 그 속에서 잠을 잤으며, 총검술을 훈련받았다. 나침반을 들고 정찰을 나갔고, 60년 전의 병사들처럼 말하는 법을 배웠다. 아마도 모든 회사에는 다이 대령과 같은 사람을 필요로 할 것이다.

일을 흥미진진한 게임처럼 즐겨라

창조성이 있는 사람은 활동적이고, 활동적인 사람은 오래 산다. 얼 요겐슨은 백 살이라는 고령의 나이에도 불구하고, 아직까지도 1921년 창립한 캘리포니아 철강회사를 운영하는 데 큰 몫을 해내고 있다. 요겐슨은 행복한 상태를 계속 유지하기 위해 현재 80대인 아내와 일주일에 세 번씩 새벽 5시에 일어나서 개인 트레이너와 함께 운동한다. 그런 다음 그는 사무실로 직행한다. 요겐슨은 손님들에게 말한다.

"보시다시피 나는 늘 일을 하고 있습니다. 죽기에는 너무 바쁘다니까요."

요겐슨은 일하러 가기를 좋아한다. 그것은 성공한 사람들의 특징일 뿐 아니라, 그 성공의 결실을 즐길 만큼 건강하게 오래 사는 사람들의 특징이기도 하다. 흐린 날이든 개인 날이든, 호황이든 불황이든, 유쾌한 웃음과 반짝이는 눈빛을 잃지 않는 자세는 이 세상의 어떤 정력제보다 뛰어난 건강 증진 효과를 발휘한다.

사업을 즐거운 게임처럼 즐길 수 있는 활동적이고 도전적인 마음을 가져라. 그러면 여러분도 언젠가는 티코 인터내셔널의 최고 경영자 데니스 코슬로프스키 같은 사람이 될 수 있을 것이다.

현재 쉰한 살인 데니스의 창조적 재능은 거래를 성사시키는

데서 유감없이 발휘된다. 그 방면에서 그는 아마도 신기록 보유자
일 것이다. 1992년 이래 그가 매입한 기업의 수는 무려 88개에 이
르는데, 이를 액수로 환산하면 150억 달러에 달한다.

그의 사업은 계속되는 호황을 누리고 있기 때문에, 요트 경주
를 무척이나 좋아하는 그도 지난 5년 동안 로드 아일랜드 뉴포트
에서 버뮤다까지 항해하는 대회에 참가할 수 없었다. 그러나 그는
개의치 않는다. 코슬로프스키 같은 창조적인 사람들은 그것이 물
살을 가르는 요트 타기이건, 사무실 책상 위에 놓인 복잡한 서류
더미를 헤치는 것이건 간에 주어진 시간에 우연히 펼쳐지는 모든
여행을 최대한 즐길 줄 알기 때문이다.

일흔두 살인 브루스터 코프도 그러한 여행을 즐기는 사람이
다. 코프는 LBO(leveraged buy out : 기업의 합병 및 매수를 위한 자금
조달) 사업을 성공적으로 마친 후 은퇴했다. 그러나 그가 인생에서
도 은퇴했던 것은 아니다.

"받는 것보다 주는 것이 더 복된 일입니다. 그 어느 때보다 이
사실을 굳게 확신하고 있습니다."

이제 자신이 말한 대로 그는 인도주의와 자비 정신을 바탕으
로 사업을 펼치고 있다.

"나는 은퇴하기 전보다 더 지독한 일벌레가 되었습니다. 하지
만 요즘은 매일 해야 할 일을 선택할 수 있어서 좋습니다. 마치 어
린아이가 과자 가게에서 느끼는 것 같은 황홀한 느낌을 맛보고 있
습니다."

코프는 자선사업을 하느라 바쁘게 살고 있다. 그중에는 국제
성서학회의 투자 포트폴리오를 위해 2000만 달러를 운영하는 일

도 포함되어 있다. 그는 자신이 신의 축복을 듬뿍 받은 기분이라고 말한다. 그는 또한 스튜어트 펀드의 관리를 돕고 있다. 이 펀드 회사는 부자들에게 가진 것을 가난한 사람들과 나누라고 권한다. 그는 말한다.

"우리 주변에는 아주 많은 돈들이 떠돌고 있습니다. 나는 그 돈이 제자리를 찾아 가도록 돕고 있습니다."

방황하던 큰돈들이 제자리를 찾을 때마다 그는 고요한 마음의 평화를 느끼고 있다.

소비자의 성향을 파악해 돈의 흐름을 찾아라

식품 서비스 산업의 중견 업체인 아라마크의 경영진들은 오랫동안 굶주려온 시장에 풍요로운 식량을 공급할 수 있는 방법을 만들어냈다. 그들의 아이디어는 스포츠 경기장에서 1등석에 앉은 관객들에게 최상의 메뉴를 제공하자는 것이었다. 이제 일류 스포츠 팬들은 맥주나 핫도그, 크래커 등으로 만족하지 않고 노트북 컴퓨터를 들고 다니는 행상들에게 고급 샐러드, 백포도주, 훈제 치킨 등을 주문할 수 있다. 주문이 떨어지기가 무섭게 음식은 주방에서 1등석으로 배달된다.

한편 건강식품 산업의 마케팅 담당자들은 초록색이 그들 자신들의 사업에 매우 유리하다는 사실에 주목해 왔다. 결국 연구원들은 거의 모든 음식, 심지어는 쿠키나 치즈까지도 초록색 포장지에 싸여 있으면 무조건 건강에 좋으리라 생각하는 것이 소비자의 심리라는 사실을 알게 되었다. 그때부터 그들 눈에는 돈의 색깔이 보이기 시작했다.

《비즈니스 위크》의 보도에 따르면 일류 브랜드인 스낵웰과 헬시 초이스도 초록색 포장지를 사용하고 있으며, 패이머스 아모스 쿠키와 허쉬 초콜릿을 제조하는 회사에서도 일부 저지방 제품에 초록색 포장지를 사용하고 있다고 한다. 초록색은 이처럼 엄청난 돌풍을 일으키고 있다. 심지어 스낵웰의 직원들은 모든 제품, 심지어 고지방 식품까지도 초록색 옷을 입히려는 야심찬 계획을 세우고 있다.

IBM, 휴렛 패커드, 3컴, 인텔은 또 다른 분야에서 돈의 흐름을 보았다. 그것은 새롭게 떠오르고 있는 홈 네트워크 시장이다. 그들은 이미 소비자들을 잡기 위해 드넓은 시장을 뛰어다니고 있다.

PC를 두 대 이상 설치하는 가정이 늘어남에 따라, 앞서 언급한 디지털 시장의 거인들은 서로 대화를 주고받거나, 프린터를 호환해서 사용할 수 있는 가정용 컴퓨터를 생산하기 위해 공조체제를 구축했다. 그들은 파도가 자신들을 덮치기 전에 먼저 그 파도를 잡는 데 성공했다. 그 결과 디지털 시장의 네 거인들은 현재 PC 네트워크 시장에서 돈을 긁어모으고 있다.

《비즈니스 위크》에 실린 또 다른 기사들을 보자.

파워 노트북을 장시간 휴대할 수 있도록 하기 위해 개발되고 있는 소형 터빈 엔진, 시뮬레이션 헤드폰을 쓰면 전기적 신호가 약하게 작용함으로써 마치 모굴(mogul : 스키를 탈 때 커브에 생기는 굳은 눈더미)을 타는 것처럼 '느끼게' 하는 최첨단 가상 체험 장난감, 모기가 좋아하는 들소 냄새를 풍기는 화학 유인제로 모기를 수백만 마리나 유인해서 끈적끈적한 미네랄 오일 속에 끌어들여

죽이는 최신형 살충제 등 놀라우리만큼 창조적인 아이디어로 새로운 제품들이 개발되고 있다.

이러한 아이디어들은 파도처럼 쉬지 않고 출렁이면서 크고 작은 배들이 경제 산업의 거대한 바다 위에서 항해할 수 있게 해준다.

미국 최대의 테니스 공 제조회사인 펜 라켓 스포츠는 더 큰 잠재성과 가능성을 보여준 기업이다. 운동기구 산업에서 테니스 공 매출이 10년 동안이나 부진을 면치 못하자 펜의 경영진은 그 산업을 강아지들을 위한 사업으로 전환시켰다.

강아지들을 위한 천연 소재 장난감 '페첨(Fetchem : '물어 와!'라는 뜻을 지닌 'Fetch them'의 합성어)'은 그렇게 해서 탄생했다. 테니스 공의 소재인 펠트로 만들어진 페첨에는 테니스 공 두개들이 한 캔보다 두 배나 비싼 가격표가 당당하게 붙어 있다.

펜 라켓 스포츠의 사장 그레그 웨이다는 말한다.

"전세계에 애완동물을 기르는 사람은 테니스를 즐기는 사람의 열 배가 넘습니다."

강아지를 기르는 사람들은 페첨이 비싸다고 여기지 않는다. 오히려 당연하다는 반응을 보인다. 강아지 장난감이 무려 26달러라는 고가에 팔리고 있지만, 펜 라켓 스포츠는 오히려 염가에 판매하고 있다는 듯이 행동한다. 하지만 소비자의 행렬은 끝이 없다.

창조성은 실천하는 사람에게서만 빛을 발한다

그러나 아무리 창조적인 발상이라 하더라도 사람들에게 이해시키지 못한다면 아무 소용이 없다. 프로비던트 내셔널 은행의 회장이었던 윌리엄 폴크 2세는 제2차 세계대전이 끝난 후 해군에서 전역했다. 당시 그는 젊은 장교였고, 해군제독의 부관이었다. 그가 전역 인사를 하러 가자 제독은 마지막으로 다음과 같은 충고를 해주었다.

"빌, 내가 보기에 자네는 많은 면에서 뛰어난 능력을 갖추고 있다네. 어느 분야에서건 크게 성공할 걸세. 하지만 그러기 위해서는 먼저 고쳐야 할 점이 하나 있어. 우선 사람들 앞에서 말하는 법을 배우도록 하게."

폴크는 제독의 충고를 받아들여 데일 카네기 강좌에 등록했다. 폴크는 다음과 같이 회고한다.

"그 강좌는 내 인생을 변화시켜 주었습니다. 특히 두 가지가 인상적이었습니다. 카네기는 우리 반에 들어와서 말했습니다. '항상 처음 1분이 가장 어려운 것입니다. 일단 처음 1분만 잘 넘기면 누구라도 유창하게 말을 할 수 있습니다' 그가 전해준 두번째 가르침은 긴장을 풀어야만 최고의 말솜씨를 발휘할 수 있다는 것이었습니다."

폴크는 역시 총명한 학생이었다. 그는 말하는 데 대한 두려움을 극복했고, 은행에서 사회생활을 시작했다. 제독의 판단은 옳았고, 폴크는 타고난 재능과 뛰어난 두뇌에 후천적으로 획득한 화술까지 발휘하여 결국 자신이 선택한 분야에서 최고 자리에 오를 수 있었다.

지금까지 소개한 사람들은 모두 서로 다른 분야에서 다양한 방식으로 창조성을 발휘한 사람들이다. 그러나 창조적인 사람들 모두에게서 찾아볼 수 있는 공통적인 특징이 하나 있다면 그것은 바로 '실천하는 능력'이다. 그들은 지도력과 혁신, 천재성, 모험 정신을 온몸으로 실천한 사람들이었다. 그 모든 요소를 하나로 묶는 것, 그것이 바로 성공에 이르는 공식이다.

일하는 기쁨 창조하는 즐거움

톰 발스리에게 무슨 일로 생계를 꾸려가느냐고 물으면, 그는 아마도 자신을 정원사라고 소개할 것이다. 그러나 사실 톰 발스리는 세계 최고를 추구하는 도시 조경 기사로 뉴욕과 동경을 비롯한 수많은 도시에 탁월한 수상작들을 남긴 사람이다.

그의 작업은 앞으로도 여러 해 동안 완전히 예약되어 있고, 명성이 높아질수록 일부 고객들의 요청을 거절해야 하는 횟수도 늘어날 것이다. 처음부터 지금까지 톰의 성공을 이끌어온 원동력은 '일이 곧 예술이고 예술이 곧 일'이라는 참으로 단순한 개념이었다.

그는 때와 장소를 가리지 않고 일한다. 그는 비가 올 때도 일하고, 산 위에서도 일하고, 태평양을 나는 어느 비행기 안에서도 일한다. 그에게 창조적인 일은 숨쉬는 일처럼 자연스러운 생명 유지 활동의 일부이다. 그것은 섹스처럼 자연스럽고 심장의 고동처럼 지속적이다. 발스리는 일과 그 자신을 구분하지 못한다. 그에게는 출퇴근이 없고 사무실이 없다. 그 자신이 바로 사무실이기 때문이다.

도시 조경은 회계나 사무, 호텔 관리, 청소 용역, 도시 환경 미화, 건물 경비, 사업 운영, 대기업 경영 등과는 아주 다른 일이다.

일의 보람이 또다른 가능성을 열어준다

비질을 할 때도 창조적 미덕이나 개인적 성취감을 느낄 수 있을까? 이 자리에서 그 결론을 내릴 수는 없지만, 어떤 일이든 열심히 하는 사람에게는 애쓴 만큼 보람이 돌아간다는 것만큼은 진리이다. 인생의 모든 길은 막다른 골목 아니면 도약을 위한 계단, 둘 중 하나다. 어떤 길을 선택할 것인지는 당사자가 어느 정도의 상상력과 창조성을 발휘하느냐에 달려 있다.

창조적인 태도를 가지면 자연스럽게 자신이 하는 작업을 흥미롭게 개선시킬 수가 있다. 가령 빗자루를 새롭게 고안할 수도 있고, 더 오래 가는 청소용 왁스를 개발할 수 도 있으며, 어떤 순서로 청소했을 때 가장 능률적인지를 알아내거나, 계절별로 건물 관리 프로그램을 다르게 만들 수도 있다.

그러한 노력이 절호의 기회로 이어지고 현명한 경영진들에게 가치를 인정받게 될 때, 창조적인 모험가는 자신의 잠재력을 최대한 발휘할 수 있을 것이고 최고의 자리까지 당당하게 질주할 수 있을 것이다.

그렇다면 톰 발스리는 어떤 길을 걸어왔을까? 발스리 같은 창조적인 사람들은 직관의 힘으로 자신의 일을 한 차원 끌어올린다.

바로 그것이 우리가 배워야 할 점이다. 창조적인 사람들은 힘들어 보이는 일에서 도전 정신을 느끼고, 단조로운 일에서 기회를 찾고, 지루한 일에서 재미와 흥미의 가능성을 본다.

문제를 해결하고 새로운 측면을 파악하는 것, 작업 공정을 개선하고 비용을 절감하는 것, 미적 요소를 도입하고 아이디어를 창출하는 것, 아니면 단순히 좀더 열심히 일하는 것. 이 모든 것들이 창조적인 사람에게는 아침해가 뜨는 것처럼 자연스러운 일이다.

당신이 만약 톰 발스리 같은 사람이라면 아무리 낮은 곳에서 인생을 시작했다 해도 그곳에 오래 머무르지는 않을 것이다. 내면에 잠재해 있는 창조성을 발휘하는 순간 그것은 당신을 상승 궤도로 힘차게 쏘아올릴 것이다.

문제는 어떻게 하면 그 창조성을 분출시킬 수 있는가 하는 것이다. 아마 우리가 생각도 하지 못한 수많은 방법이 있을 것이다. 여기에 대한 발스리의 대답은 매우 간명하면서도 훌륭하다. 그는 매번 이 효과적인 방법을 이용했다. 발스리는 말한다.

"적어도 나 같은 사람은 창조하기 위해서 두 손을 움직여야 합니다. 작업대 앞에서 설계를 하고 있을 때 내 손은 쉬지 않고 일을 합니다. 그리고 시간이 지날수록 내 손은 점점 더 자유로워집니다. 선을 긋고 스케치를 하기 시작할 무렵이면 아이디어들이 뛰쳐나오기 시작하지요."

우리는 예술가가 그림을 그리거나, 도자기를 빚거나, 대리석을 조각하거나, 쇠붙이를 용접하는 모습을 쉽게 떠올릴 수 있다. 그러나 그밖의 사람들은 어떨까? 예술가로 부를 수 없는 수백만, 수천만 명의 다른 사람들에 대해서는 어떤 모습을 떠올리게 될까?

창조의 힘은 희열과 만족을 선사한다

자신이 회의실에 둘러앉은 간부들 앞에 서 있다고 상상해보라. 나는 기획안을 발표하고 있다. 나는 커다란 화이트보드 앞에서 매직펜을 들고 사업 기획안의 여러 부분들을 그림으로 설명하고 있다. 나는 몇몇 부분은 지우고, 화살표나 동그라미를 그리기도 한다.

이제 화이트보드 위의 모든 그림이 일관성을 띠기 시작한다. 그림이 많아질수록 흥미와 자신감이 생긴다. 나는 발표회장을 활력과 열정으로 채워나간다. 자신에 대한 회의적인 생각은 어느덧 사라지고 갈수록 사람들 앞에서 당당해진다. 지금 이 순간 나의 진실한 열정은 청중을 사로잡고 회의실을 뜨겁게 달군다. 이때 내가 전문가로서 느끼는 만족감은 예술가가 작품을 완성할 때 느끼는 만족감과도 같은 것이다.

혹은 어느 일요일 오후, 컴퓨터 앞에 앉아 월요일에 제출해야 할 서류를 작성하고 있는 모습을 상상해보라. 나는 몇 가지 아이디어를 미리 생각해 놓았고, 이제 부분들을 하나로 통합하기 시작한다. 마침내 전체 골격이 완성된다.

이제는 본격적으로 일을 시작한다. 그것은 마치 역을 출발한 기차가 증기를 뿜으며 목적지를 향해 힘차게 달리는 것과 같다. 두뇌 회전은 갈수록 빨라지고, 자판을 두드리는 열 손가락은 춤을 추는 듯하다. 마침내 클라이맥스에 도달한 후 보고서를 끝냈을 때 내 가슴은 성취감으로 가득 찬다. 나는 기지개를 켜고 시계를 본다. 그 사이 네 시간이나 지났다는 사실이 믿기지 않는다.

그것이 바로 우리 자신에게 주어진 창조의 힘이다. 그 힘은 우리에게 세상 그 무엇과도 바꿀 수 없는 희열과 만족을 준다.

혹은 자신을 구내식당에서 동료와 함께 커피를 마시고 있는 기술자라고 상상해보라. 바로 그때 오랫동안 고민했던 설계 문제의 해결책이 떠오른다. 나는 갑작스런 흥분에 사로잡혀 노트 위에 문제의 일부분들을 스케치하기 시작한다. 스케치가 거듭될수록 속도는 가속도가 붙는다. 그리고 그 해결책이 생각보다 훌륭하고 효율적이라는 사실을 깨닫는 순간 나는 짜릿한 전율을 느낀다.

이제 내 그림들은 종이를 가득 채우고 내 손은 두뇌의 속도를 따라잡기에 여념이 없다. 잠시 후 나는 노트를 절반이나 채웠다. 마침내 어느 한 페이지를 완성하는 순간, 지난 2주 동안 머릿속에서만 맴돌던 설계도가 눈앞에 펼쳐져 있다.

창조적 힘이 직관을 사로잡았고, 예술적인 공학을 탄생시켰던 것이다. 그때 느끼는 엄청난 성취감은 작품을 완성한 예술가가 느끼는 감정과 똑같은 것이다.

혹은 내가 바르샤바의 동업자들과 거래할지 검토하고 있는 투자 은행가라고 가정해보라. 나는 저녁식사를 하며 상대방에게 처음으로 건넬 제안서를 구상한다. 내 머릿속에는 모든 내용이 들어 있다. 그 정도면 꽤 괜찮다는 생각이 든다.

나는 핵심 사항들을 점검하고 세부 항목들을 보완하면서 점차 흥분되기 시작한다. 그리고 계획을 구상하는 일에 더 깊이 몰두할수록 내 손은 더 열심히 허공 위에 동그라미를 그리고 선과 화살표를 긋는다. 나는 어느덧 공간을 조각하고 자르고 붙이는 예술가가 되어 있다. 그리고 손이 머릿속의 생각들을 그림으로 그려내는 데 따라 내 생각은 더욱 활발해진다.

다른 것에 몰두하는 즐거움을 찾아라

창조성은 노동에 새로운 의미를 부여하는 동시에, 은퇴한 사람들에게도 보람 있는 삶을 제공한다. 나는 막중한 임무를 활기차게 수행하던 최고 경영자가 은퇴한 지 한 달 만에 고인이 되었다는 이야기를 들은 적이 있다. 혹은 일을 그만두자마자 마치 새로운 직장을 얻은 것처럼 골프에 전념하는 경영자의 이야기도 있다. 갑자기 술에 빠져서 정신을 못 차리는 퇴직자도 있고, 은퇴하자마자 급격히 늙어버린 불쌍한 사람도 있다. 돈은 많이 벌었지만 다른 일에서는 아무 의미도 찾지 못하고 어두운 방에만 틀어박혀 고통스러운 시간을 보내다 권총으로 생을 마감한 사람도 있다.

대부분의 사람들은 일에서 자신의 가치를 발견한다. 그러다가 일에서 해방되는 순간 자신의 정체성을 잃어버린다. 따라서 질서와 반복됨, 계획대로 정해진 하루, 동료와 안정된 수입을 빼앗길 때 적지 않은 충격을 경험하고 두려움과 고통을 느낀다. 어쩌면 생애 처음으로 삶의 허무함을 느끼게 될지도 모른다. 그래서 우리는 일이 빠져나간 공백을 채울 수 있는 그 무엇을 찾게 된다.

몇몇 행운아들은 사라진 월급 봉투을 대신할 수 있는 대용품을 준비한다. 그들은 창조적인 일을 찾아 허전함을 채운다. 때로 그것은 오래전부터 그가 가져온 취미일 수도 있다.

실제로 내가 아는 사람 중에는 평생 다니던 직장을 그만둔 후에 유명한 수채화 화가로 변신한 사람이 있다. 두 일 사이에는 아무 공백도 없었다. 그녀의 경우, 부업이 갑자기 직업으로 바뀐 행복한 예이다. 흥미로운 것은 화가로서의 두번째 '경력'이 대기업

부사장이라는 그녀의 첫번째 성공보다 수입과 인지도 면에서 훨씬 능가했다는 사실이다. 그리고 그 사실은 그녀에게 예전에는 누려보지 못했던 커다란 행복감을 안겨주었다.

용감한 사람들은 은퇴 후 갑작스레 찾아온 휴식과 권태를 두려움 없이 기꺼이 받아들인다. 그들은 고요한 평온 속에서 두려움이 아닌 즐거움을 찾고, 주저없이 사색과 명상의 오솔길로 접어든다. 그들은 고용과 의무의 멍에를 완전히 벗어던지고, 자유롭고 낯선 여가를 즐기며 편안함을 느낀다. 그들은 그 세계를 즐겁게 여행하다가 결국에는 다시 창조의 세계를 향해 발길을 돌린다.

어느 순간, 그들에게 완전히 새로운 무언가를 창조하겠다는 자연스러운 인간적 욕구가 찾아온다. 그것은 흥미롭고 아름다운 것을 스스로 발명하려는 욕구인 동시에 무에서 유를 만들어내려는 인간의 본능이기도 하다.

가령 그들은 오래전부터 쓰고 싶었던 동화를 쓰기도 하고, 아름다운 6월의 꽃들을 유화 물감으로 그려내기도 한다. 인도네시아의 전통 공예품을 수입하는 사업을 시작하기도 하고, 모형 선박을 만들어보기도 하고, 차고 한구석에서 55년형 티버드 자가용을 수리하기도 한다.

자기 자신의 가치를 신뢰하라

살면서 누구나 한번쯤은 이 강력한 자연의 힘을 경험한다. 모든 사람들은 자신이 쓸모 있는 사람이 되기를 원한다. 우리는 우리 삶이 가치 있는 것이며 우리가 이 세상에 기여하고 있다고 생각하고 싶어한다. 그런 믿음이 없다면 우리는 매일 아침 떠오르는 태양을 공허한 마음으로 맞이할 수밖에 없을 것이다. 이러한 무기력함은 술이나 마약, 가정 폭력, 혹은 그보다 더한 형태로 나타나게 된다. 그러므로 유용한 사람이 된다는 것은 누구보다도 우리 자신에게 유익한 일이다.

마이클 밀켄은 바로 그러한 경우를 보여준 사람이다. 그는 불명예스러운 '정크 본드(junk bond : 액면가격보다 싸게 매입하는 위험이 많은 증권)' 의 제왕이었고 한때 수감되기도 했으며, 전립선 암으로 말할 수 없는 고통을 치르기도 했다.

증권가 복귀가 금지된 상태에서 형기를 마치고 출소했을 때, 그는 진심으로 반성하는 모습을 보여주었다. 그는 아마도 생애 처음으로 다른 사람들을 돕고 정직한 거래를 하고 싶다는 욕구를 느꼈던 것 같다. 그렇게 해서 탄생한 것이 '지식 세계' 라는 이름의 회사였고, 그 회사의 목표는 교육 산업 시장에서 돈을 버는 것이었다.

증권분석가들은, 21세기 초반에는 갖가지 교육 산업이 투자 시장을 선도할 것이라고 믿고 있으며, 그것은 20세기 말에 등장했던 건강 의료 산업의 성장했던 모습과 흡사할 것이라고 예상한다. 밀켄과 그의 동생 그리고 오러클을 창업한 래리 엘리슨은 그들이 교육 산업에 투자한 5억 달러로 총규모 6650억 달러나 되는 교육 산업 시장에서 큰 결실을 수확할 것이라고 확신하고 있다.

그들은 간부 교육, 직업 훈련, 주간 보육, 그리고 유아 교육용 말하는 인형 등에 초점을 맞추고 있다. 밀켄은 마이크 수학 클럽이라는 이름의 교육센터를 열었을 뿐만 아니라, 학생들을 직접 가르치기 위해 정기적으로 그곳의 강의에 참석한다.

밀켄은 가르치는 일이 모든 일들 중에서 가장 행복한 일이라고 말한다. 밀켄의 말을 듣는 사람은 누구나 그의 말을 믿을 수밖에 없다. 그의 표정에는 자기 자신을 유용한 존재로 만들 수 있었던 사람만이 보여주는 활력과 기쁨이 가득했기 때문이다.

밀켄 이야기를 하다 보니 내 친구들 중에 하나가 떠오른다. 경영자로 일하는 내 친구는 크리스마스 이브에 가난한 사람들에게 음식을 나눠주는 행사에 초대를 받았으나 처음에는 참석하기를 꺼렸다.

친구는 마지못해 행사에 참석했는데 그 경험은 친구에게 크나큰 깨달음을 주었다. 그는 예기치 못한 기쁨을 느낀 나머지, 전 직원이 조직적으로 북아메리카에서 멕시코까지 여러 도시들을 돌면서 똑같은 행사를 열어 봉사하도록 했다. 친구는 은퇴 후에는 가난하고 궁핍한 사람들에게 음식을 나눠주는 일을 하며 여생을 보낼 것이라고 말한다.

현재의 역경은 미래의 성장을 위한 촉매제

때때로 고난이 성장을 위한 촉매제 역할을 하기도 한다. 복싱 흥행주였던 돈 킹은 감옥에서 6개월을 복역한 적이 있다. 그러나 그는 셰익스피어의 작품을 읽으며 그 시간을 유용하게 보냈다. 후에 그는 대문호에 대해 놀랄 만큼 정통한 지식으로 기자들을 전율하게 만들었다. 다음에 소개된 대화는 무하마드 알리와 조지 포먼의 시합이 연기된 후 돈킹과 기자가 나눈 것이다.

기자 이번 시합이 연기되는 바람에 당신의 계획에 차질이 생기는
　　　것은 아닌가요?
돈킹 (음흉하게 웃으며 적당히 뜸을 들인 후에) 셰익스피어는 말했지
　　　요. "역경이 지나면 달콤하도다. 추하고 역겨운 두꺼비와도
　　　같이 역경은 머리 위에 빛나는 왕관을 쓰고 있구나."

　　다시 말해 시합이 연기됨으로써 상호 친선을 도모할 수 있을
것이라는 의미였다. 킹은 그 기자를 한방 먹였고, 그 후로도 셰익
스피어의 명문장으로 많은 사람들이 백기를 들게 했다. 사람들이
그의 말 속에서 정확한 실마리를 포착했는지는 알 수 없지만 말
이다.
　　스필버그는 영화제작자뿐 아니라 경영자로서도 뛰어난 능력
을 과시하는 사람이다. 그에게 어린 시절의 경험은 창조력의 샘물
이다. 그의 빛나는 영감은 〈ET〉, 〈미지와의 조우〉, 〈인디애나 존
스〉, 〈쥬라기 공원〉 등의 대작들 곳곳에서 빛을 발하고 있다.
　　멀리서 울리는 진동 때문에 물잔이 흔들리는 장면이나, 나뭇
가지가 지붕을 때리는 소리 등은 스필버그 자신의 어릴 적 상상력
에서 나온 것들이다. 어린 시절 부모의 이혼과 잦은 이사 때문에
스필버그는 동화책을 벗삼아 혼자 놀았고, 환상 속에서 위안을 찾
았다. 그는 사춘기가 되기도 전에 대본을 썼고, 아버지의 8mm 카
메라로 영화를 찍기 시작했다.
　　그가 고등학교 졸업반이었을 때 그의 가족은 캘리포니아에 있
는 사라토가로 이사했고, 그때 스필버그는 새로운 두려움을 경험
했다. 그가 복도를 지날 때마다 학교 친구들이 "이봐 유태인!"이라

고 조롱하면서 반유태주의적인 말들로 그를 괴롭힌 것이었다. 그 때의 경험은 스필버그 일생에 커다란 변화를 불러일으켰다.

때로는 운동선수들이 수업이 끝난 후에 그를 집단으로 구타하기도 했다. 오랜 세월이 지나 당시의 경험과 고통은 결국 〈쉰들러 리스트〉에서 결실을 보게 되었다. 1994년 아카데미 영화상에서 7개 부문을 수상한 〈쉰들러 리스트〉는 영화 사상 최고의 흥행과 최고의 찬사를 한몸에 누린 대작으로 기록되었다.

역경에 처하면 우리의 정신은 놀라울 정도로 집중력을 발휘한다. 컨설턴트로 일하는 내 친구는 1990년대 초 불경기를 맞으며 사업체가 공중분해되는 모습을 지켜보아야만 했다. 그러나 그는 좌절하지 않고 자신의 에너지를 집필 활동에 집중해 한 권의 책을 출판했다. 그 책의 성공으로 순회 연설을 시작했으며, 지금은 컨설턴트로 일할 때보다 훨씬 더 큰돈을 벌어들이고 있다.

불경기가 계속되는 동안 그는 할 일이 없다는 이유로 공포에 사로잡히거나 자기 연민에 빠진 적이 없을 뿐만 아니라 한번도 우울해진 적이 없었다. 그는 갑자기 찾아온 여유로운 시간들을 일종의 선물로 보았다. 불경기가 아니라면 언제 그런 기회가 오겠는가? 그리고 마침내 그는 마음 한구석에 오랫동안 묻어두었던 생각들을 하나하나씩 종이 위에 펼쳐나갔다.

내 주변에는 아주 건강했던 사람이 어느 날 갑자기 병원에 장기 입원하게 된 경우가 있다. 그는 매우 활동적이고 적극적인 변호사였고, 태어나서 단 한번도 앓아누워본 적이 없다고 입버릇처럼 말하곤 했다. 후에 나는 그에게서 고통과 불편함 다음으로 괴로웠던 것은 지루함이 계속되는 것이었다는 이야기를 들었다.

이틀이 지나자 텔레비전은 더 이상 보기가 싫어졌고, 항상 약 기운이나 비참한 감정에 취해 있었기 때문에 한번에 한 장(章) 이상은 책을 읽지 못했다. 심지어는 그가 심심풀이 오락으로 가장 좋아하던 크로스워드 퍼즐도 매일 먹는 음식같이 느껴져 매력을 잃고 말았다. 결국 그는 한번도 진지하게 고려해본 적도 없고 그럴 시간과 마음도 없었던 여러 가지 심각한 문제와 대면하지 않을 수 없었다.

시간을 갖고 곰곰이 생각해 본 결과 그의 마음을 가장 짓누르는 문제는 의뢰인이 적다는 것이었다. 얼마 전부터 그는 법에 대해 지독한 염증을 느끼고 있었다. 그것은 법정에서 벌어지는 혼란 때문이거나 어딜 가나 넘쳐나는 변호사들 때문일 수도 있었고, 불공정한 사법 제도에 좌절감을 느껴서일 수도 있었다. 애초에 자신이 변호사가 되고 싶지 않았기 때문일 수도 있었다. 이유야 어쨌든 그는 병원 신세를 져야 했다. 그리고 병원 침대 위에서 갑자기 변화의 필요성을 느끼기 시작했다.

"그때까지는 한번도 여유를 갖고 변화에 대한 생각을 해보지 못했습니다. 입원이라는 경험은 내게 신의 축복이었습니다. 내 삶을 바꾸어주었으니까요."

결국 그는 사무실을 정리하고 그 돈으로 항상 꿈꿔왔던 모터보트를 한 대 구입했다. 현재 그는 아내와 버진 군도에서 보트 대여 사업으로 대성공을 거두고 있다. 요즘 그는 여가 시간이면 취미로 사진 촬영을 하고 지방 신문에 칼럼을 쓰기도 한다. 그는 말한다.

"꿈 같은 생활입니다. 이런 삶을 찾느라 병원에 입원까지 해야 했던 것이 조금은 유감이지만 말입니다."

주어진 모든 것에 유연하게 대응하라

때로는 단지 주어진 모든 것, 즉 경력, 결혼, 가족과 아이들 같은 것을 그대로 유지하는 것이 자신의 삶을 찾는 길일 수도 있다. 여성들은 오랫동안 그 일에 남성들보다 더 큰 창조성을 발휘해야 했다.

예를 들어 유나이티드 스크랩 메탈의 최고 경영자 마샤 걸린의 이야기를 들어보자. 그녀가 가족의 생계를 책임져야 하는 가장이 되었을 때의 일이다. 마샤는 자녀들에게 현실을 이해시키기 위해 일주일에 한번씩 아이들을 데리고 시카고의 노숙자 보호소를 방문했다.

"돈이 없으면 어떻게 되는지를 이해시키기 위해서였습니다. 효과가 있었지요. 아이들 입장에서 느낀 점은 공부를 열심히 해서 좋은 성적을 받아야겠다는 것이었습니다. 아이들은 기대 이상으로 잘 해냈습니다."

벳시 존슨 디자이너의 사장 벳시 존슨은 딸 루루와 아주 어렸을 때부터 독특한 모녀 관계를 맺었다.

"루루는 나와 함께 차를 타고 다녔고, 회의에도 참석했고, 재단실 작업대 위에서 잠을 자기도 했습니다."

엄마와 딸은 회사 안에서 회사와 함께 성장했고, 스물세 살이 된 루루는 엄마의 둘도 없는 친구이자 비서가 되었다.

잡지 《글래머》의 발행인 메리 버너는 사업에서도 큰 성공을 거두었고, 일하는 남편과 세 명의 어린 자녀들을 데리고 맨해튼에서 화목한 가정을 꾸리고 있는 여성이다. 건강도 유지하고 자녀들과 많은 시간을 함께 하기 위해 그녀는 심부름 센터 직원에게 서류 가방을 배달시킨 후 매일 저녁 회사에서 집까지 달리기를 해서 퇴근한다.

리틀 시저 엔터프라이즈의 부사장 데니스 일리치는 자녀들을 최고로 만들기 위해 회사에 최고 시설을 자랑하는 보육원을 세웠다. 일리치의 말에 따르면, 그 보육원은 우수한 노동력을 끌어들이고 모든 남녀 종업원들의 생산성을 향상시키는 데도 기여하고 있다고 한다.

쿠퍼스&라이브랜드의 부사장이자 정보 담당 이사인 엘렌 내프는 처음부터 한 가지 확고한 결심을 했다. 그것은 '내 모든 시간을 바쳐서 밤낮없이 일해야 하는' 신생 기업에서는 절대로 일하지 않겠다는 것이었다.

그녀는 일류 정보기술자였기 때문에 자주 출장을 가지 않아도 되는 일자리를 선택할 수 있었다. 아들이 급성 맹장염으로 입원하게 되었을 때, 데니스 일리치는 일주일 동안 노트북 컴퓨터를 가지고 병실에서 근무했다.

이 여성들이 만족스럽고 충실한 삶을 누릴 수 있었던 것은 진취적이고 유연한 자세 덕분이었다.

그러므로 지금 직업을 가진 사람이든, 은퇴한 사람이든, 잠시 쉬고 있는 사람이든, 군에 복무하는 사람이든, 대학에 다니는 사람이든, 아니면 돈이 많아서 자유로운 사람이든, 우리는 누구나 자신의 내면에 감춰진 막강한 능력에 접근할 수 있다.

그 능력은 평범함 속에 안주하려는 나태함으로부터 우리를 구
출할 뿐 아니라, 예상치 못했던 각성의 기회를 제공하여 세상의
모든 길로 통하는 문을 열어줄 것이다. 그리고 그중에 어떤 문은
당신이 한번도 가본 적이 없는 길을 보여줄 것이다.

# 죽어가는 회사를 살려라

건강한 회사와 아무도 모르게 죽어가는 회사 사이에는 분명한 차이점이 있다. 광고업계 최고의 여사제인 샤롯 비어스는 그것을 '창조의 정신' 이라고 부른다.

비어스는 창조성에 대한 중요한 사실을 안다. 사실은 그녀 자신이 놀라울 정도로 창조적이고 통찰력이 있는 사상가이다. 그녀는 평생 동안 창조적인 사람들을 관리하는 분야에서 경력을 쌓았고, 결국에는 전 세계적으로 가장 성공적고 창조적인 두 개의 광고대행사 오길비&마더와 월터 톰슨을 차례로 운영했다.

그녀는 딱 잘라 말한다.

"창조적 정신이 없는 회사는 성공할 수 없습니다. 회사가 정체되어 있다면 그것을 알 수 있는 방법이 몇 가지 있습니다. 창조성이 저지되고 억압될 때, 사람들이 아이디어 발표를 꺼릴 때, 어떤 일이 실패한 다음 100가지 이유가 나올 때, 개개인의 뛰어난 능력이 주위의 분노를 자아낼 때, 그때 회사는 죽어가고 있는 것입니다.”

회사가 빠른 속도로 몰락하는 그 밖의 징후들은, 매우 빈약한 언어, 모임에 대한 엄격한 통제, 그리고 비어스가 명명한 이른바 ‘공개 처형’이다.

“회사의 서류, 메모, 서신, 마케팅 자료, 광고 자료 등에 잠꼬대 같은 소리나 헛소리가 가득할 때, 그것은 좋지 않은 신호입니다. 회사가 창조적 정신과 단절되어 있다는 것을 의미하니까요.

또 다른 나쁜 징후는, 회의 시간이 창조적인 아이디어를 발표하는 열린 광장이라기보다는 무슨 군사재판이나 군법회의 또는 유언장 낭독에 더 가까울 때입니다. 그런 환경은 당연히 사람들을 질식시키지요.

그러나 기업의 창조적 정신과 생명력을 말살하는 가장 치명적인 일은, 실수를 한 동료가 망신과 모욕을 당하고 사람들 앞에서 공개 처형되는 것을 지켜보는 것입니다.

창조적인 사람들과 이야기를 나눌 때 우리는 그들이 최고의 자리에 오르기까지 어떤 잘못과 실수를 저질렀는지 솔직한 이야기를 들을 수 있습니다. 사실 그들은 실수를 통해서 그 자리까지 올라가게 되었습니다. 하나의 실수로 하나의 진실을 배우면서 자신감 있게 밀고 올라간 것이지요.”

비어스에 따르면 대부분의 대기업들은 내부 체계의 문들을 엄격히 닫아둔다.

“경쟁의 세계에서 기업이 가질 수 있는 가장 강력한 무기는 전망입니다. 보다 구체적으로는 기업의 목표가 무엇인가, 어디로 가고 있는가, 어떻게 도달할 것인가에 대한 전망이지요.

그러나 소수의 최고 책임자들이 아무리 열심히 그러한 전망을 제시해도, 중간 관리자들이 그 의미를 이해하지 못하는 경우가 너무 많습니다. 그 사람들은 그 의미를 이해해야 할 뿐 아니라 그것을 실천해야 하는 사람들인데도 말입니다. 그래서 결국 그들은 회사가 어디로 가고 있는지, 경영진이 무엇을 원하는지 모르겠다고 불평합니다."

죽어가는 회사를 살리기 위한 그녀의 진단은 이렇다.

· 메시지를 정확히 전달하라.
· 노력하지 않는 것보다는 노력하고 실패하는 것이 더 중요하다.
· 모든 직원들이 직위와 부서와 장소를 불문하고 어떤 제약도 없이 자유롭게 이야기할 수 있어야 한다.
· 어리석은 아이디어는 존재하지 않는다.
· 책임자들은 창조성을 기업의 자산으로 키워야 한다. 그것은 결국 최종 수익을 좌우하는 것이다.
· 때로는 가장 엉뚱한 사람이 최고의 아이디어를 창안한다.
· 창조적인 기업만이 위대한 기업이 될 수 있다.

여러분의 회사는 위의 항목에 얼마나 일치하는가?

예술적 기질과 열정으로 도전하라

월 스트리트 기업의 한 사장이 정신나간 사람처럼 이야기하고 있었다. 그 자신은 그것을 알지 못했다. 우리는 한참 대화를 나누던 중이었다. 그는 마치 연기에 몰입한 연극배우처럼 두 손으로 허공을 저으면서, 경쟁 관계에 있던 금융계의 두 대형 은행이 어떻게 합병하게 되었는지를 설명하고 있었다.

나는 대단히 흥미롭게 그가 완전히 다른 사람으로 변하는 것을 지켜보았다. 그는 열띤 목소리로 구조 조정과 시너지 효과, 자산과 채무, 효율성과 과잉, 장기적 계획, 상대적인 장단점, 밀물과 썰물, 실적과 손실, 성장, 기회 등을 이야기하고 있었다. 그는 관련된 모든 요소들을 평가하고, 측정하고, 계산했다. 그리고 열심히 손을 움직여가며 그의 머릿속에서 진행되고 있는 수많은 생각들을 열심히 표현했다.

결국, 그는 수년 전으로 돌아가 합병 당사자에게 직접 이야기하고 있는 것 같았다. 그 당시 그는 여러 이유로 합병에 반대했다.

그에게 말을 시켜보면 그는 즉시 왜 자신이 사장인지를 보여줄 수 있었다. 그가 사업을 설명하는 방식은 절대로 교과서 같은 방식이 아니었다. 그의 설명은 화려함과 열정, 즐거움과 흥분으로 가득했다.

창조적 사업가는 경영 예술가들이다

그는 마치 예술가 같았다. 그의 화법은 피카소나 미켈란젤로의 작품처럼 창조적이었다. 창조적인 사업가는 그림 대신에 사업 전략으로 승부한다. 그는 점토나 대리석 대신에 수와 아이디어를 주물러서 그것을 행동으로 빚어낸다. 건축가가 성당을 설계할 때 그는 새로운 기업을 설계하거나 어려운 인수와 합병을 훌륭하게 조율한다.

그 사람은 후에 나의 집을 방문했다. 그리고 내가 취미삼아 틈틈이 그리던 그림을 보고 "당신은 예술가군요. 나도 그런 것을 하고 싶습니다만, 참 부럽군요"라고 말했다. 내가 그에게 "당신이 진정한 예술가입니다"라고 말하자 그는 즉시 손을 내저었다.

나의 강력하고도 진심 어린 주장에도 불구하고 그는 자신을 결코 예술가와 결부시켜 생각할 수 없다고 말했다. 그 당시나 지금이나 그의 확고한 믿음으로는, 나 같은 사람이 예술가지 자신은 아니라는 것이었다.

그는 내 주장을 일축하며 이렇게 말했다.

"천만에요, 아닙니다. 나는 재능이 없어요. 단지 그림을 그리거나 글을 써봤으면 하고 바랄 뿐입니다.”

하지만 지금 여기에서 무엇이 중요한가? 나는 수만 명의 사람들에게 일자리를 창출해준 적이 없다. 그리고 획기적인 금융 상품을 내놓아 새로운 산업을 창출하거나 수십억 달러의 수익을 올린 적도 없다. 수십 건의 복잡하고 정교한 거래를 솜씨 있게 처리해서 수천 명의 사람들을 백만장자로 만드는 능력도 나와는 거리가 멀다. 그러나 내가 그에게 '당신은 창조성의 원천' 이라고 말하면 그는 아마도 펄쩍 뛸 것이다.

진정한 재능을 가진 사람이 그것을 인식하지 못하는 경우는 흔한 일이다. 특히 이 책에 소개하는 나의 최고 경영자 친구들은 자신의 능력을 확대시켜 생각하지 않는다. 그러나 사업의 세계에는 천부적인 창조성을 발휘해서 다른 이들을 멀찌감치 따돌리는 경영 예술가들이 수두룩하다. 창조적 재능이 특히 뛰어난 사람들은 우리의 삶을 변화시킬 뿐 아니라 이 세계를 변화시키기도 한다.

항상 생각하고, 계획하고, 창조하라

19세기 말은 창조, 혁신, 발명의 재능이 폭발한 시기였다. 그리고 그로 인해 우리는 현재와 같은 생활 방식을 갖게 되었다. 에디슨(전구, 축음기, 전신 표시기), 벨(전화), 포드(자동차), 카네기(철강), 화이어스톤(고무), 그리고 라이트 형제(비행기) 같은 천재들이 사실상 20세기를 창조했다.

20세기 후반부는 기술 혁신이 폭발한 시기였다. 그 원천은 제2차 세계대전, 우주 계획, 그리고 빌 게이츠와 스티브 잡스라는 이름으로 대표되는 몇 명의 디지털 천재들이었다.

아마도 미국에서 가장 성공한 여성 기업인으로 기록될 마사 스튜어트는 완전한 무에서 사업체를 만들어냈을 뿐 아니라 하나의 산업을 창조한 사람이었다. 그녀는 인기와 품질 면에서 독보적인 케이터링 사업체를 세웠고, 행복한 삶에 관한 마사의 책들을 베스트셀러로 만들었으며, 그녀의 사진과 이름으로 장식된 대중잡지를 발행했고, 텔레비전 · 비디오 제작 회사를 설립했다. 그밖에도 타임 워너, 케이마트, NBC 투데이 쇼, CBS 등과 수익성 높은 마케팅 계약을 맺고 있다. 그녀 자신이 밝히는 그 놀라운 성공의 비밀은, 일에 대한 사랑과 지칠 줄 모르는 야망, 그리고 대단히 적은 수면 시간 등이다.

그녀는 이렇게 말했다.

"나는 내가 하는 모든 일에서 윤리, 정직, 지성, 그리고 무엇보다도 창조성을 추구합니다. 어렸을 때 나는 한 광고에서 놀라운 문구를 봤습니다. 그것은 '경계를 뛰어 넘는 삶'이란 것이었지요. 나는 그 말을 항상 기억하면서 내 삶의 모든 경계를 극복하려고 노력했습니다. 하지만 정직과 성실의 경계를 넘는다면 그건 너무 멀리 나간 거겠지요.

레오나 헴슬리를 보세요. 그녀는 모든 것을 소유했지만 정직의 경계를 넘어섰기 때문에 결국 감옥에 가고 말았습니다. 스튜 레오나드는 어떤가요. 그는 미국 최고의 식료품점을 운영했습니다. 그러나 돈가방을 들고 국경을 넘으려다 감옥에 가고 말았죠.

중요한 것은 내 사업의 테두리 안에서 나 자신의 꿈을 펼치는 것입니다. 그때 우리는 창조성을 발휘하는 만큼 성장할 수 있습니다. 그러나 성실함을 포기하는 순간 돌이킬 수 없는 실수가 시작됩니다.”

오른손으로는 경계를 허물고 왼손으로는 그녀의 삶이 윤리적 기준을 벗어나지 않게 유지하면서 마사는 오늘도 성공을 향한 행진을 계속하고 있다. 그녀는 항상 생각하고, 항상 계획하고, 항상 창조한다.

프랑스 여행을 하던 마사는, 그 지방의 역사를 공부하거나 고유한 문화를 체험하지 않는 시간에는 정원의 모습을 사진에 담거나 다음 책을 위한 아이디어를 정리하곤 했다. 그러한 그녀의 모습은 오랫동안 식사하면서 잡담을 나누거나 버스 안에서 낮잠을 청하던 나머지 일행들과는 대조적이었다.

어느 날 아침 먼동이 틀 무렵 우리 모두가 작은 성에서 잠자고 있던 바로 그 시간에 마사는 혼자 일어나 고요한 호수로 나갔다. 그녀는 거위들에게 먹이를 준 다음 작은 배를 타고 호수를 돌아다니면서, 맑은 공기와 바스락거리는 햇살 속에서 사색을 하고 사진을 찍었다.

마사의 재능은 확고한 사업 능력에서(인기 있는 모델, 유능한 증권 중개인으로서의 경력뿐 아니라) 깊이 있는 예술적 감각에 이르기까지 참으로 다양하다. 그녀가 발행하는 모든 책과 그녀의 잡지 《마사 스튜어트 리빙》의 모든 페이지에는 그녀의 창조적인 손길과 심미적인 눈길이 담겨 있다.

또한 마사는 미래의 사업이 컴퓨터 프로그램과 인터넷으로 큰 변화를 겪을 것임을 어렵지 않게 이해했다. 그녀는 무질서한 자신의 왕국을 다음 단계로 올려놓기 위해 소수의 인재들을 선발하여 그녀 자신만의 조직 관리 소프트웨어를 개발하도록 했다.

21세기에 우리는 인터넷을 통해 마사를 만나보리라고 기대할 수 있다. 그때에는 마사 스튜어트 소프트웨어가 수백만 명의 마사 팬들과 고객들에게 그녀의 충고와 디자인과 오락거리를 제공할 것이다. 뿐만 아니라 그녀는 수천만 명의 잠재 고객들을 만날 것이고, 그녀에 대해 알지 못하는 전세계의 수많은 사람들에게 '마사 스튜어트'라는 이름을 알릴 것이다.

마사는 바로 이렇게 자신의 예술적·사업적 재능과 테크놀러지를 결합해서 그녀 자신이 꿈꾸었던 것보다 더 큰 성공을 이루어 나가고 있다.

예술적 재능이 없다면 열정만이라도 가져라

그러나 경영의 모든 스타들이 예술적 재능을 갖고 있다고 말할 수는 없다. 성공과 명성을 높이 쌓은 사람들 중에는 아마도 약도 한 장을 정확히 그리거나 자신의 집 담장에 페인트칠 하는 일조차 서툰 사람이 허다할 것이다.

그러나 그들이 발산하는 창조적 떨림은 예술가들이 최선을 다해 작품을 창작하는 순간처럼 진실된 것이다. 예술가들은 아름다운 작품을 창조하고 그들은 아름다운 거래를 완성한다. 도날드 트럼프는 그의 저서 《거래의 기술》에서 경제와 미학의 신기한 관련성을 규명하고자 했다.

에스테 라우더는 세계 일류의 화장품 기업을 예술적인 솜씨로 창조해낸 위대한 여성이다. 그러나 그녀의 출발은 보잘것없었다.

성공을 꿈꾸는 수많은 몽상가들처럼 그녀도 처음에는 단지 성공에 대한 간절한 소망, 그리고 그녀 자신과 자신의 화장품에 대한 확고한 믿음밖에 없었다.

에스테의 이야기는 대공황 시절 뉴욕 퀸즈의 한 가난한 가정에서 시작된다. 그곳에서 그녀는 자신만의 비법으로 헝가리 고유의 피부 크림을 제조했다(그녀의 부모는 헝가리 출신이었다). 그리고 밑바닥부터, 다시 말해 집집마다 대문을 두드리면서 자신의 사업을 다져나갔다. 그러나 얼마 후 그녀의 신비한 크림은 사람들의 마음을 사로잡았고, 에스테의 작은 사업은 성장하기 시작했다.

아메리칸 드림의 성공 이야기는 대개 절망적으로 보이는 상황을 이겨내고 용기와 도전으로 성공을 쟁취하는, 위대한 서사시라 할 수 있다. 그리고 에스테의 경험도 예외는 아니었다. 그녀는 가는 곳 어디에서나 냉소와 회의와 험담에 부딪혔다. 그러나 처음부터 그녀는 갓 태어난 자신의 사업을 계속 유지하기 위해서는 오직 자신의 창조적 재능만을 굳게 믿어야 한다고 생각했다.

에스테 라우더는, 그녀가 고객들에게 파는 것은 피부 크림이 아니라는 것을 처음으로 인식한 사람들 중 한 명이었다. 그녀가 파는 것은 아름다움과 영원한 젊음이었다. 따라서 높은 가격에 대한 수요자들의 저항감이 남아 있던 사업 초기에 그녀는 창조적 사고로 굳게 닫힌 문을 열어나가야 했다.

예를 들어 그녀는 1940년대 말 샌 안토니오에서의 일을 기억한다. 그 도시의 가장 큰 백화점에서는 그녀의 제품을 받아줄 수 없으니 견본을 다시 가져가라고 통보했다. 그것은 사실상 거절이었다.

에스테는 이에 굴하지 않았다. 그녀는 백화점 지배인과 면담을 요구했다. 마침내 면담을 성사시키는 데 성공한 그녀는 자신을 동업자로 받아준다면 백화점이 반드시 번성하도록 돕겠다고 강조했다. 지배인은 그의 사업 계획에는 피부 크림 몇 병이 들어갈 자리가 없다고 말하면서, 완곡하지만 굳은 태도로 더 이상 시간 낭비하지 말 것을 권유했다. 바로 그때 에스테의 머리에는 순간적인 영감이 떠올랐다.

"아, 바로 그거예요! 새해 새얼굴로 시작하라! 이건 광고 문구예요. 새해 새얼굴. 이거라면 분명히 고객들을 끌어들일 수 있을 겁니다."

백화점 지배인은 그 말의 울림이 마음에 들었다. 그는 뉴욕에서 자신이 직접 만든 피부 로션을 들고 찾아온 이 대담한 여성에게 기회를 주기로 결심했다. 물론 에스테의 판단은 옳았다. 그녀는 피부 크림을 팔지 않았다. 그녀가 판 것은 완전히 새로운 모습, 새로운 얼굴이었다. 고객들은 크게 만족했고 매장은 발 디딜 틈이 없었다.

후에 다른 도시의 어느 백화점에서의 일이었다. 한 고위 간부는 경기가 너무 불황이라서 진열대에 쌓아놓은 물건들도 팔리지 않아 고민이라고 불평했다. 그런 상황에서 어떻게 새 화장품 코너를 개설할 수 있냐는 것이었다.

에스테는 즉시 반격했다.

"불황이라구요?"

그녀는 믿을 수 없다는 듯이 물었다.

"불황이라니요? 나는 대공황 시절에 사업을 시작했어요. 그때는 버스도 없었다구요."

그 간부는 똑바로 앉아서 그녀의 말을 경청했다. 갑자기 그는 이 용감하고 작은 숙녀에게 감동을 느꼈다. 라우더는 어느 새 흥미롭고 새로운 마케팅과 세일즈 아이디어로 그를 공략하기 시작했다. 자신의 마케팅 계획을 따른다면 진열대에 상품을 채워넣기가 무섭게 팔아치울 수 있다고 그녀는 강조했다.

그는 마침내 승낙을 했고 두 사람은 악수를 했다. 이때에도 에스테의 말은 옳았다. 에스테 라우더 피부 로션은 날개 돋친 듯이 팔려나갔다.

명성과 부를 향한 그녀의 행진은 모든 주와 매장에서 계속되었고, 마침내 전세계로 이어졌다. 그녀의 나이가 90대에 접어든 1990년대까지도 에스테는 여전히 최고의 재능을 과시했다. 예전이나 그때나 그녀의 창조적인 재능은 사람들로 하여금 그녀와 그녀의 신비한 제품들을 구입하고 싶게 만들었다.

예를 들어 그녀가 부다페스트의 한 가게의 오픈 행사에 참석했을 때의 일이다. 어느 기자가 그녀의 얼굴에 마이크를 들이대고 뜨거운 조명을 비치면서 헝가리 여성들에게 전해줄 메시지가 없느냐고 물었다. 에스테는 기회를 놓치지 않았다.

"결혼하는 날 모든 여성은 정말로 아름답습니다. 우리 헝가리 여성들은 결혼하던 날 자신이 어떤 모습이었고 어떤 느낌이었는지를 기억해야 할 것입니다."

물론 그 말에 함축된 의미는 에스테 라우더와 그녀의 화장품을 기억하라는 것이었다. 다음날 가게는 화장품을 사기 위한 손님들로 만원이었고 경영진은 문앞에서 사람들을 통제해야 했다.

에스테 라우더는 엄격한 의미로 자신이 예술가라고 주장한 적이 없다. 그러나 결국 그녀는 명작을 창조했다. 명작을 창조하기 위해 예술가가 될 필요는 없지만, 수학과 음악의 관계는 오랫동안 사람들의 주목을 받아왔다. 숫자로 생계를 꾸리는 금융전문가와 수학 교사들이 음악을 애호하는 경우가 많다. 나는 금융 서비스업에 종사하는 많은 사람들이 실제로 재능있는 음악인들이라는 이야기를 들은 적이 있다.

한 펀드 매니저는 수와 음악의 관계를 파도로 설명하기도 했다. 즉 수만 개의 음표들이 파도처럼 굽이치면서 교향곡을 이루어내듯이, 파도처럼 규칙적으로 밀려오는 숫자들을 통해서 인수나 합병의 대상을 깊이 있게 분석한다는 것이었다.

증권을 분석하는 일에 음악을 아름다운 파트너로 묘사하는 그의 말을 들으면, 누구라도 창조적 에너지의 신비한 힘을 이해할 수 있을 것이다. 창조적 에너지는 사업에 영향을 미칠 뿐 아니라 우리의 일상 생활에도 깊은 영향을 미친다.

사업이라는 분야에서 예술적 측면에 주목해보면 좋은 일들이 발생할 것이다.

창조적인 사람들은 삶을 즐긴다

공통의 목표를 추구하는 사람들이 한자리에 모였을 때, 그곳에서는 정말로 놀라운 일이 발생할 수 있다. 오늘날 수많은 회사들이 생산성 향상을 위해 시행하고 있는 이른바 브레인스토밍은 생산성을 무제한적으로 끌어올릴 수 있는 장치이다. 그것을 맨 처음

도입한 회사는 제너럴 일렉트릭이었다.

나는 브레인스토밍에 상정된 문제들이 즉석에서 해결되는 것을 본 적이 있다. 다른 곳에서라면 몸을 사렸을 사람들이 그 회의에서만은 그들 자신도 놀랄 만큼 대단히 열정적인 상태에 도달하는 것을 본 적도 있다. 그때 나는 그들로부터 발산되는 지적 열기가 회의실을 가득 채우는 것을 몸으로 느꼈다. 좋은 아이디어가 꼬리에 꼬리를 물고 이어져서 마침내 완전한 아이디어로 완성되었다. 그 순간 그것은 마치 날카로운 화살촉이 사나운 용의 이마를 정확히 꿰뚫는 것과 같았다.

사업에서 큰 성공을 거둔 사람들은 공통적인 두 가지 특징을 갖고 있다. 첫째, 그들은 천성적으로 창조적이다. 둘째, 그들은 언제나 즐겁고 재미있다. 한때는 히피족이었으나 현재는 버진 에어웨이와 버진 애틀란틱 레코드를 경영하는 리차드 브랜슨이 그런 사람이고, 타임 워너의 회장이자 CNN의 창립자인 테드 터너 역시 그런 사람이다.

논쟁을 좋아하는 성격 때문에 모든 사람이 그들을 좋아하지는 않지만, 두 사람 모두 상상력 하나만으로 막대한 부를 거둬들였다. 그들은 위험으로부터 움추리는 대신 그 위험을 즐겼고, 회의적인 사람들을 한마디로 일축했다. 그리고 신의 영역 외에는 한계가 없다는 사실을 한순간도 의심하지 않았다.

금융의 귀재로 통하는 조지 소로스는 투자에 대한 자신의 환상이 '웃기는 것'이었다고 생각하며, 그 사실을 누구에게나 즐겁게 시인한다. 그의 생각은 갈수록 확고해져서 현재 그는 돈을 버는 것보다 다른 일을 훨씬 더 즐긴다고 말한다. 그 일은 바로 기부하는 것이다. 그는 현재 막대한 돈을 벌 때와 똑같은 창조적 열정으로 그 돈을 더 필요로 하는 곳에 아낌없이 퍼주고 있다.

항상 여섯 살 어린이처럼 살아갈 준비가 된 사람에게는 정말로 한계가 없다. 피카소는, 어린아이처럼 그림을 그리기 위해 온 생애를 바쳤다고 말했다.

여섯 살 때 우리에게는 모든 것이 있었다. 미지의 세계를 탐험하려는 모험심과 꿈이 있었고, 창조하려는 욕구가 있었다. 기회를 두려워하기에는 너무 어렸기 때문에 우리는 하루에도 100가지 모험에 도전했고, 돌아올 때에는 더 많은 모험을 생각했다. 우리는 손등이 까지고 무릎이 멍들어서 집으로 돌아왔지만, 다음날 아침이면 다시 세상을 맛보기 위해 뛰쳐나갔다.

그 시절을 기억하는가? 어떤 일이 있어도 잊어서는 안될 것이다. 그 여섯 살 어린이는 아직도 우리 마음속 어딘가를 간지르면서 밖으로 뛰쳐 나와 장난치고 싶어 안달하고 있기 때문이다.

그들은 어떻게 부를 창조하였는가

스포츠처럼 사업에도 승자와 패자가 있다. 그러나 창조적인 사업에 관해 이야기하자면, 올스타 팀에 들어갈 선수는 상대적으로 소수에 불과하다. 그것은 올스타 팀이 자신이 창안한 아이디어를 기반으로 사업을 일으킨 사람으로 국한되기 때문이다. 그리고 그 모든 개척자들을 묶어줄 한 가지 특징을 지적해야 한다면, 그것은 부를 창조하는 목표에 대한 집중력과 재능일 것이다.

현재 《타임》의 논설위원장이자 한때 《월 스트리트 저널》의 편집장이었던 노말 펄스타인은 무로부터 왕국을 건설한 재계의 거인 20명을 선정했다. 각각의 이야기가 모두 전형적인 아메리칸 드림의 성공 사례이다. 다음은 《타임》이 선정한 최고의 인물들이다.

기업가보다는 자선사업가로 더 알려진 존 D. 록펠러

록펠러는 1913년 세계 최초의 다국적 기업인 스탠다드 오일을 창조한 사람이다. 그때 74세였던 록펠러는 약 9억 달러의 개인 재산을 가지고 있었다. 그것은 오늘날의 가치로 환산하면 1900억 달러에 해당하며, 마이크로소프트의 빌 게이츠가 가진 총재산의 약 세 배에 달한다.

명예롭게 죽은 부자 앤드류 카네기

카네기는 강력한 철강 회사를 설립하여 20세기 미국을 건설하는 데 크게 기여했다. 그는 이렇게 충고했다.

"모든 계란을 한 바구니에 담아라. 그리고 그 바구니를 잘 감시하라."

카네기는 경쟁의식이 치열했고 기술 혁신과 효율성을 무엇보다 중시했던 인물로서, 오늘날 젊고 용감한 벤처 기업인들의 선조라고 할 수 있다. 그러나 동시대를 풍미했던 록펠러와 마찬가지로 카네기 역시 3억 5000만 달러에 달하는 재산의 대부분을 사회에 환원했다. 그는 전 세계에 2800개의 도서관을 세웠고, "부자로 죽는 사람은 불명예스러운 자로 죽는다"라는 명언을 남겼다.

산업시대의 자금을 공급한 J. P. 모건

록펠러와 카네기가 산업 시대를 건설했다면, 모건은 산업 시대에 자금을 공급한 사람이었다. 모건은 사람들의 흥미를 끌만한 철도 회사들을 세우기 위해 주식과 채권을 발행했고, 그들간의 거래를 중개했고, 경영진으로 참여했고, 후에는 미국 전체 철도망의 20퍼센트를 관리했다.

후에 그는 미국 최초의 10억 달러 기업인 US 스틸을 창조했

다. 그는 수십 년 동안 거의 혼자서 미국 중앙 은행의 역할을 톡톡
히 해내면서, 오늘날의 기준으로는 거의 상상할 수 없는 막대한
권력을 자랑했다.

세계 경제의 터전을 마련한 헨리 포드

포드는 대량 생산 시대를 열었고, 뒤이어 대량 소비 시대를 열었
다. 그는 자동차라는 새로운 상품을 대량으로 공급해서 미국 경제
와 나라 전체의 풍경을 완전히 바꾸어 놓았다. 다시 말해 그는 세
계에서 가장 풍요로운 중산층이 출현할 수 있는 길을 닦았고, 다
가올 시대를 위해 세계 경제의 기초를 다시 세웠다. 또한 독점 판
매 제도를 고안해서 자동차의 판매와 서비스를 제공했다.

1912년에 미국에는 이미 7000개의 포드 자동차 대리점이 생
겼다. 이때부터 미국 경제는 완전히 새롭게 변모하기 시작했다.

새로운 세상을 빚은 데이비드 사르노프

헨리 포드가 운송의 발전에 기여했다면, 사르노프는 정보 통신의
발전에 기여했다. 사르노프는 처음에는 라디오를 그 다음에는 텔
레비전을 미국의 모든 가정에 들여놓은 장본인이었다.

러시아에서 태어난 사르노프가 미국으로 건너온 것은 무한한
가능성에 대한 낙관주의가 팽배했던 20세기 초인 1900년이었다.
열다섯 살의 나이에 그는 모르스 부호를 배운 다음 마르코니 무선
전신회사에 취직했다. 그리고 그는 1912년 타이타닉 호가 침몰하
던 날 밤, 72시간 동안 자리를 지키면서 그 재난에 관한 뉴스를 세
계 모든 곳에 아주 상세히 전했다고 한다.

3년 후 최초의 상업 방송 아이디어인 '라디오 뮤직 박스'를 고안해서 미국 가정에 음악을 보급한 사람이 바로 사르노프였다. 1919년 제너럴 일렉트릭은 마르코니를 인수해서 RCA(미국 라디오 연맹)를 창립했다. 새 회사의 총책임자이 된 사르노프는 자신의 아이디어를 현실로 빚어내기 시작했다. 취임 즉시 그는 RCA가 라디오 방송을 판매하기 위해서는 먼저 프로그램 편성 체제를 갖추어야 한다고 생각했다.

그래서 1921년 그는 최초의 스포츠 방송을 실현했다. 그 경기는 잭 뎀프시와 조지스 카펜티어의 역사적인 대전이었다. 라디오 방송 판매는 날개를 달기 시작했다. 그런 다음 그는 즉시 세계 최초의 방송망을 구축했다. 즉 전국적으로 방송국을 연결한 것이었다. 그는 그 네트워크를 '내셔널 브로드캐스팅 컴퍼니'라고 명명했다.

라디오 방송이 시작됨과 동시에 사르노프는 텔레비전이라는 이름의 괴상한 아이디어에 눈을 돌리기 시작했다. 1939년 뉴욕 세계 박람회에서 신기한 물건으로 소개되었던 텔레비전은 제2차 세계대전 후부터 상업적으로 폭발적인 성공을 누리기 시작했다.

사르노프의 지휘하에 NBC는 세계 최초로 녹화 방송과 가정용 영화를 내보냈다. 1971년 그가 사망했을 때 이 세계는 그가 태어났던 때의 모습과는 대단히 다른 모습으로 변해 있었다. 그것은 바로 그의 창조적 전망이 빚어낸 작품이었다.

부를 경멸했던 A. P. 지아니니

한때 미국 최대 은행으로까지 성장했던 샌프란시스코의 뱅크 오브 아메리카의 설립자 지아니니는 수많은 은행 상품들을 고안해 낸 인물로 역사에 기록된다. 가령 오늘날 우리가 당연하다고 여기는 주택 저당, 자동 대출, 신용 할부, 그리고 최초로 일반인에게 보급된 은행 카드 등이 그의 작품들이다.

지아니니는 그 당시 태동하고 있던 캘리포니아 와인 산업에 대출금을 제공했고, 후에는 헐리우드의 예술가 연합 스튜디오가 출범하는 데 일조했다. 그의 평생 목표는 부자들이 수세기 동안 누렸던 것과 똑같은 신용 대부와 금융 서비스를 노동하는 사람들에게 제공하는 것이었다.

그는 이렇게 말했다.

"나는 나 자신을 생각하면서 일하지 않았습니다. 이것이 내가 성공하게 된 가장 큰 요인입니다."

카네기처럼 그 역시 부를 경멸했다. 그는 오랜 기간 동안 보수를 거의 받지 않았다. 이사회가 그에게 깜짝 선물로 150만 달러의 보너스를 지급하자 그는 즉시 그 돈을 캘리포니아 대학에 기부했다. 일흔아홉 살의 나이로 세상을 떠날 때 그의 전재산은 50만 달러도 채 되지 않았다.

꿈을 현실로 입증한 찰스 메릴

지아니니처럼 메릴도 보통 사람들 속에서 성공의 가능성을 보았다. 메릴은 소규모 투자자들도 주식시장의 토대가 될 수 있다고 믿었고, 그 믿음을 입증하기 위해 미지의 탐험에 착수했다.

1940년 메릴은 "월 스트리트를 메인 스트리트로가져 오겠다"고 맹세하면서, 오늘날 '메릴 린치' 라고 알려진 회사를 창립했다.

1956년 사망할 당시 메릴 린치의 영업소는 115개에 달했고, 미국을 주주들의 나라로 만들겠다던 메릴의 꿈은 충분히 현실로 입증되고 있었다.

미국 산업의 큰손 앤드류 멜론

멜론은 미국 산업이 폭발적인 성장을 할 수 있도록 자금을 공급한 큰손이었다. 그는 피츠버그의 멜론 은행을 통해서 알코아, 걸프 등을 비롯한 많은 거대 기업들에게 추진력을 제공했다. 그는 또한 재무성 장관직을 역임하면서 1920년대의 성장과 번영에 크게 기여했다.

역사상 최대의 부를 창조한 아서 로크

애플, 텔레다인, 헤어차일드 세미컨덕터 등과 같은 첨단 기업의 재정적 후원자로 출발한 로크는 벤처 자본가라는 새로운 투자 세대를 이끌었다. 《타임》은 이 벤처 자본가 세대에 대해, "역사상 최대의 부를 창조하고 있다"고 평가했다.

에어컨의 아버지 윌리스 캐리어

캐리어는 선벨트(미국 남부를 동서로 가로지르는 온난 지대) 붐을 일으킨 냉난방 시스템의 개척자이다.

미국 산업의 힘과 규모를 과시한 스티븐 베첼

베첼은 후버 댐, 샌프란시스코와 오클랜드를 잇는 베이 브리지, 아라비아 횡단 송유관 등 세계 최대의 건설 공사를 시행한 회사의

창립자이다. 베첼의 기념비적인 업적은 미국 산업의 힘과 규모를
전세계에 과시했다.

세계의 어린이에게 꿈을 심어준 월트 디즈니

디즈니는 미국 문화에 누구보다 막대한 영향력을 미친 인물이었
다. 그는 미키 마우스를 창조했고, 세계 최초로 애니매이션 영화
를 제작했다. 또한 테마 파크를 만들었고, 현대적인 멀티미디어
기업을 창립했다. 디즈니는 헐리우드의 유명인사로서는 처음으로
텔레비전의 가능성을 수용한 인물이었다.

범죄조직을 사업으로 전환시킨 럭키 루시아노

루시아노는 범죄 조직을 거대한 사업으로 전환시켜서 세계 최대
의 기업들과 경쟁할 수 있게 만든 인물이었다.

아직도 전설로 남아 있는 주안 트리프

팬 아메리카 월드 항공사의 창업자 트리프는 제트 비행 시대를 개
막한 인물이었다. '관광객 클래스'를 도입함으로써 수백만의 사
람들이 생애 처음으로 비행기를 탈 수 있게 한 사람이 바로 트리
프였다.

트리프는 이미 사업 초기에 세계 최초로 대서양과 태평양을
건너는 세계적인 루트들을 개척했고, 1950년대 말에는 보잉 707
기로 대서양을 횡단하는 제트기 항공 서비스를 처음으로 도입했
다. 그리고 심지어는 최초의 보잉 747기를 설계하는 데 일조하기
도 했다. 트리프는 친구이자 보잉사의 사장인 빌 알렌에게 "네가

만들면 내가 사겠다"고 말했고, 알렌은 트리프에게 "네가 산다면
내가 만들겠다"고 말했다.

실제로 트리프는 747기의 조종석을 상갑판에 만들라고 알렌
을 설득했다. 그것은 초음속 여행이 대중적인 항공 수단으로 정착
되는 시대가 오면, 747기는 궁극적으로 화물 수송기가 될 것이라
고 생각해서였다. 머리가 혹처럼 생긴 747기의 특징은 그렇게 해
서 창조되었다. 트리프와 팬 아메리카 월드는 사라졌지만 그들의
전설은 지금도 살아 있다.

주거생활 문화를 창조한 윌리엄 레비

레비는 현대 미국의 교외 주거생활 문화를 창조한 사람이었다. 그
는 제2차 세계대전 이후 빠른 속도로 성장하던 미국 중산층을 위
해 수십만 채의 주택을 중저가의 부담 없는 가격으로 공급했다.
대량 생산이 가능했던 것은 그가 주택 건설에 조립 생산 공정을
처음으로 도입했기 때문이었다.

아메리칸 드림을 새로운 차원으로 끌어올린 월터 로이터

로이터는 우리 시대의 수많은 조합노동자들이 당연한 것으로 여
기고 있는 고용 보험 상품을 맨 처음 고안한 사람이었다. 그밖에
도 그가 고안한 것으로는 연금 설계, 연간 임금 보장제, 실업 수당
등이 있다.

노동자들을 위한 보험 상품을 개척한 후 그는 건강 보험 상품,
노사 간의 이익 분배제, 생명 보험 등을 창조함으로써 아메리칸
드림의 생활 수준을 새로운 차원으로 끌어올렸다.

눈을 사로잡는 전략으로 승리한 레오 버넷

'판매의 황제' 버넷은 우리의 감각을 맹렬히 공략하는 새로운 광고 스타일을 창안함으로써 아메리칸 드림을 전세계에 유통시키는 데 일조했다. 결국 그는 귀가 아닌 우리의 눈을 사로잡는 이미지가 성공적인 광고 전략의 열쇠라는 사실을 입증하는 데 결정적으로 기여했다.

정보시대의 개척자 토마스 왓슨 2세

왓슨은 정보 시대의 개막에 일조한 개척자였다. 그는 IBM을 컴퓨터 첨단 기업으로 발전시켜 여러 세대 동안 컴퓨터 산업을 이끌게 한 장본인이었다. 오늘날에도 IBM은 미국 6위의 대기업에 올라 있다.

패스트푸드 제국을 건설한 레이 로크

맥도날드의 창업자 레이 로크는 우리의 식사 방법을 변화시킨 사람이다. 그는 대부분의 미국인들이 더 이상 만찬을 즐기지 않을 것이라는 사실을 정확히 이해했다. 로크가 창조한 패스트푸드 산업은 끊임없이 움직여야만 하는 새로운 문화에 아주 적합했을 뿐 아니라, 맥도날드와 함께 전 세계로 퍼져나간 현대 문화의 일부가 되었다.

미식축구를 사업으로 정착시킨 피트 로젤

로젤은 미식축구를 세계적 수준의 쇼비즈니스로 발전시켜서 미국인들의 눈과 귀를 사로잡았을 뿐 아니라, 일요일과 월요일의

축구경기에 온 국민이 열광적인 에너지를 투자하게 만든 장본인
이었다.

로젤은 양분되어 있던 미식축구 리그를 통합했고, 막대한 금
액의 텔레비전 방송 계약을 성사시켰다. 그리고 월요일 야간 경기
를 고안했으며, 최초의 슈퍼볼 경기를 주관했다. 이러한 노력에
힘입어 미식축구 리그는 결국 하나의 거대한 사업으로 정착하는
데 성공했다.

메이드 인 재팬의 이미지를 고급화한 아키오 모리타

소니의 창업자 아키오 모리타는 미국뿐 아니라 전세계의 가전 시
장에서 '소니'라는 상표를 가장 신뢰할 수 있는 브랜드로 만든 인
물이었다. 실제로 1999년 한 여론조사에 따르면, 미국인들은 코
카콜라, 말보로 등을 제치고 소니를 최고의 브랜드로 선택했다.

소니는 휴대용 라디오 시장을 창조했고, 포켓용 카세트인 워
크맨, 소형 텔레비전, CD 플레이어, 디지털 텔레비전, 방송 스튜
디오 장비 등으로 새로운 시장을 계속 개척해 나갔다. 소니가 추
구하는 성공의 열쇠는 결국 미국 시장에 있다는 것이 모리타의 확
고한 믿음이었기 때문에, 그는 1963년 가족과 함께 뉴욕으로 이
주했다.

미국의 문화와 관습과 법규를 더 잘 이해하기 위해서였다. 결
과는 성공적이었다. 소니라는 브랜드는 미국에서 큰 히트를 기록
했고, 오랜 기간에 걸쳐 고정관념화된 '메이드 인 재팬'의 값싼
이미지를 견고하고 품질이 우수한 고급 제품의 이미지로 변화시
키는 데 큰 공헌을 했다.

유통의 혁신을 몰고온 샘 월튼

월마트의 창업자 월튼은 중소 도시민들에게 저가의 상품을 소개한 동시에, 대기업의 경영 방식을 사실상 변화시킨 인물이었다. 포드가 미국인들의 노동과 여가 습관을 변화시킨 것처럼, 가격 할인과 대량 유통만을 생각했던 샘 월튼은 미국인들의 소비 습관을 영구적으로 변화시켰다. 그리고 월마트 매장과 함께 경영 철학의 혁명이 미국 전역을 휩쓸었다.

그 혁명의 핵심은 회사의 권력을 기업으로부터 고용 노동자들에게로 이양하는 것이었다. 이러한 추세는 오늘날 수십 개의 산업 분야로 확산되고 있다. 1960년대 월튼은 월마트의 성장을 가속화시키기 위해 컴퓨터의 힘을 이용했다. 당시로서는 대단히 획기적인 방법이었고 홈 데포트, 반즈&노블, 블록버스터 등과 같은 신종 소매점들이 탄생할 수 있는 길을 개척했다.

1992년 그가 사망했을 때 월튼 가족의 총재산은 250억 달러에 달했고, 월마트는 《포춘》이 선정하는 500대 기업에서 제너럴모터스, 포드, 엑손에 이어 4위를 차지했다.

부자가 되는 생각의 법칙

부의 창조는 우리 시대에 가장 존경받는 예술이 되었다.
오늘날 부를 창출하는 사람들은 모두 두뇌와 재능,
추진력과 직관, 용기와 결단력의 소유자들이다. 그러나 자유롭고 창조적인
경영에 주목했을 때 우리는 성공의 가장 중요한 요인 중의 하나가
마법과 동화의 세계에 직결되어 있음을 알 수 있다.

생각을 바꾸면 미래가 바뀐다

창조의 꽃이 제품과 서비스라면, 그 결실은 부와 번영이다. 창조의 엔진을 돌리고 파이프라인을 열면 그 반대쪽에서는 사람들이 구입할 물건들이 쏟아진다. 제품과 서비스에 대한 창조성과 상상력이 더 뛰어날수록 수확할 수 있는 결실은 더욱 커진다.

창조성으로 호흡하면서 살아가는 것이 기업 문화로 자리잡은 경우도 있다. 단 1년 만에 500개의 제품을 내놓은 3M이 대표적인 예이다. 《포춘》의 조사에서 가장 혁신적인 제약회사로 꼽힌 화이자 역시 그러하다. 그리고 세계적으로 급증하고 있는 컴퓨터 시장에 우수한 디지털 칩을 마음껏 공급하고 있는 인텔도 그 예이다.

기회의 터전을 마련하라

《포춘》에 따르면 천연 가스 회사인 엔론, 그리고 단 하나의 제품으로 값비싼 프랜차이즈망을 구축한 코카콜라 등도 창조성이 높은 기업으로 손꼽힌다. 물론 기업의 이윤이 감소하기 시작할 때 경고의 목소리를 내는 사람은 최고 경영자, 부서 책임자, 경영 전략가 등이다. 그때 기업의 지상과제는 오직 한 가지이다. 그것은 바로 일상적이고 평범한 사업에서 탈피하고 혁신적인 제품을 향해 나아가는 것이다.

화이자의 경영자 에드워드 스티어는 회사 전체에 활기를 불어넣기 위해 과학자들로 하여금 시야를 넓혀서 유전학과 같은 낯선 분야에 관심을 집중하도록 격려하고 있다. 그를 비롯한 뉴욕 총본부의 경영 책임자들은 진지하고 집중적인 연구개발이 방해받지 않도록, 그리고 창조성이 자유롭게 발휘될 수 있도록 화이자 연구소를 멀리 영국에 두고 있다.

엔론의 최고 경영자 케네스 레이는 철저하고 근본적인 개혁안을 도입함으로써 정체 상태에 빠진 천연가스 회사를 혁신하는 데 성공했다. 그의 개혁안은 새로운 제품, 새로운 서비스, 새로운 계약, 새로운 가격 산정이었다. 《포춘》에 따르면, 레이는 천연가스의 현물 시장을 세웠고, 엔론의 브랜드로 새로운 주식회사들을 창조했으며, 일부 공익 시설들에 대해서는 가스의 가격을 50퍼센트까지 할인해주었다.

변화는 작은 것에서부터 시작된다

미라지 리조트의 최고 경영자 스티브 윈은 아주 간단한 아이디어 하나로 졸고 있던 게임 산업을 통째로 흔들어 깨웠다. 그것은 사람들이 집으로 가져갈 수 없는 훌륭한 서비스와 최고의 음식, 그리고 눈요깃거리 오락을 제공하는 것이었다. 윈은 직원들이 고객들의 눈높이에 맞는 친절함과 의욕적인 서비스를 항상 제공할 수 있도록 하기 위해 사기 진작 아이디어를 창안했다.

그는 우선 종업원 휴식 공간을 그 호텔의 커피숍보다 더 화려하고 아늑하게 꾸몄고, 종업원들이 이용하는 복도를 손님들의 숙소와 똑같이 장식했다. 그와 동시에 절정기에 이른 게임 산업이 수익률 감소를 눈앞에 두고 있다고 판단한 윈은 라스베이거스를 새로운 브랜드 이미지로 개조하는 일에 착수했다.

그는 상류층 고객을 사로잡기 위해 10억 달러를 들여 초호화판 호텔인 벨라지오를 세웠고, 박물관에서나 감상할 수 있는 150만 달러 상당의 예술품들로 그 내부를 장식했으며, 세계 최고의 요리사들에게 다섯 개의 초일류 식당을 맡겼다. 누가 보아도 윈은 변화를 이끄는 비전의 주인공이다.

코카콜라가 갑자기 혁신의 진정한 의미를 발견하게 된 것은 역설적이게도 사상 최악의 실패작이 나온 직후였다. 1980년대 들어서자 코카콜라의 신상품 뉴코크의 인기는 급락했다. 하지만 그와 동시에 코크 클래식을 찾는 수요가 폭증했다. 코카콜라의 경영진은 이 놀라운 반전 앞에서 눈이 휘둥그레지고 말았다.

"뉴코크의 실패를 통해 우리는 코카콜라가 한 병의 시원한 음료나 독특한 향 이상의 것임을 깨닫게 되었다. 그것은 일종의 정신적 지향이었다."

그 사건을 계기로 코카콜라는 독창적인 브랜드 이미지를 광고 전략으로 내세우기 시작했다. 그리고 《포춘》의 조사에 의하면 그것은 어떤 산업 분야를 막론하고 "가장 독창적이고 강력하고 성공적인 이미지 가운데 하나"였다. 코카콜라의 경영진은 오직 하나의 제품만을 밀고 나가면서도 그 속에서 진정한 창조의 의미를 재발견하고 있다고 믿는다.

코카콜라의 경영 이사인 더글라스 이베스터는 《포춘》과 인터뷰에서 이렇게 말했다.

"누구나 최신 설비의 유혹에 빠질 수 있습니다. 그리고 누구나 창조성은 예술이나 과학에 국한된 것이라고 생각할 수 있습니다. 그러나 창조성은 인사 관리, 전략, 브랜드 관리, 경영 등의 분야에서도 반드시 장려되어야 합니다."

낡은 것을 과감히 버리고 새롭게 시작하라

크라이슬러도 그러한 종류의 창조성이 기업 혁신을 위해 얼마나 중요한지를 잘 알고 있다. 1990년대 초 다시 한번 파산의 위기가 닥치자, 다급해진 크라이슬러의 경영진들은 하나의 목표를 향해 매진하기 시작했다. 그것은 낡은 생산 방법을 버리고 처음부터 다시 시작하는 것이었다. 그 결과 크라이슬러는 기술진, 마케팅 부서, 생산 부서의 인력들을 팀 단위로 묶어서 브레인스토밍 회의를 조직한 최초의 기업이 되었다.

그와 동시에 크라이슬러는 부품 공급자들과의 관계를 신속히 개선하기 위해 노력했고, 그것은 생산자와 부품 공급자 모두에게 만족을 주었다. 심지어 크라이슬러는 부품 공급자들을 격려하여 설계 문제에 대한 해결책을 제시하도록 유도했다. 결과는 대만족이었다. 크라이슬러의 경영 혁신은 자동차 생산업계의 모범적인 생산 모델로 자리잡았다.

불과 몇 년 후 크라이슬러는 파산의 위기를 벗어났을 뿐 아니라 독창적인 모델들을 앞세워 3대 자동차회사 중에서 매출 신장이 가장 빠른 회사로 성장했다. 그리고 얼마 지나지 않아 크라이슬러는 미국 자동차회사 중에서 대당 수익률과 주가 상승률이 가장 높은 회사로 올라섰다.

이 모든 사례가 보여주는 진실은 무엇인가? 새로운 사고 방식은 곧 기업 성장과 이윤 증가, 시장 점유율 증가, 주가 상승, 주주들의 이윤 증대, 고객·부품 공급업자·종업원들의 만족, 즐겁고 활기찬 작업 환경 등으로 직결된다는 것이다.

어떤 사람들은 살기 위해 일한다. 그러나 소수의 행운아들은 일하기 위해 산다. 만약 그들의 노동이 성취감을 분출하는 창조의 원천으로 발전한다면 그보다 더 좋은 삶은 없을 것이다.

우리 시대 최고의 예술, 부의 창조

부의 창조는 우리 시대에 가장 존경받는 예술이 되었다. 오늘날 부를 창출하는 사람들은 모두 두뇌와 재능, 추진력과 직관, 용기와 결단력의 소유자들이다. 그러나 자유롭고 창조적인 경영에 주목했을 때 우리는 성공의 가장 중요한 요인 중의 하나가 마법과 동화의 세계에 직결되어 있음을 알 수 있다. 《포춘》은 최고의 창조성을 과시한 다섯 명의 인물을 집중 조명했다.

감정에 초점을 맞춘 마케팅으로 성공한 나이키

우선 나이키의 최고 경영자 필 나이트를 꼽을 수 있다. 만약 이 세상에 이상을 추구하는 반역자가 있다면 바로 필 나이트일 것이다. 1960년대 나이트는 맥빠진 신발제조업의 낡은 요소들을 청산하고, 조깅하는 사람들이 반할 만한 최고 품질의 러닝화에 승부수를 던졌다. 그의 전략은 적중했다.

1980년대가 되면서 보다 많은 손님들이 고급 운동화 시장에 몰리자 나이트는 성공가도를 달리던 사업의 기초 설비를 새롭게 정비했다. 그리고 제품보다는 감정에 초점을 맞춘 혁신적인 마케팅으로 나이키의 브랜드 이미지를 강화시켰다.

요즘 그는 기존의 사업에 박차를 가하는 동시에, 스포츠 이벤트를 관리하는 마케팅 업계의 거인으로 성장하기 위해 신발끈을 다시 조여매고 있다. 그는 이렇게 말한다.

"우리는 단지 신발회사가 아닌 거대 스포츠기업으로 발돋움할 것입니다."

나이트는 그 유명한 나이키 로고가 전세계 스포츠 중계 방송에 나오는 모든 셔츠와 신발과 모자에 선명하게 찍히기를 원하고 있다.

"애리조나대학 농구팀의 경기를 시청한다고 상상해봅시다. 신발이 보이는 것은 전체 방송 시간의 10퍼센트 정도에 불과하지만, 유니폼에 찍힌 로고는 경기가 진행되는 동안 75퍼센트 정도 방송됩니다."

나이트는 《포춘》과의 대담에서 다음과 같이 말했다.

"현재 우리는 우리의 선수들과 브랜드를 홍보하는 동시에, 다양한 스포츠 이벤트로 돈을 벌고 있습니다. 그것은 대단히 훌륭한 시너지 효과입니다."

조깅화로 시작한 나이키의 조깅은 지칠 줄 모르고 계속되고 있는 것이다.

브랜드 이미지를 파는 할리 데이비슨

1989년 리처드 티어링크가 할리 데이비슨의 최고 경영자로 취임했을 때, 그는 그 회사가 단지 오토바이를 생산하는 것 이상의 의미를 지닌 곳임을 깨달았다. 할리 데이비슨의 광적인 고객들은 자신의 오토바이를 자유와 독립에 대한 갈망과 동일시하고 있었던 것이다.

이제 티어링크는 향수를 팔기 시작했다. 새로운 고객들을 창출하고 기존 고객들을 지키기 위해 그는 전국 해안에 상점과 카페를 개장해서 할리 의류를 판매하고 할리의 팬들을 한지붕 아래 모이게 했다. 그와 동시에 그는 품질 검사 관리를 한층 강화했고, 5000명의 종업원들을 독려하여 제품의 성능과 품질을 개선시킬 아이디어를 창안하게 했다. 그리고 독창적인 아이디어에 대해서는 인센티브를 제공했다.

티어링크는 그 외에도 할리 데이비슨의 고객들에게 회사가 발전하려면 어떻게 해야하는지를 묻기 시작했다. 그는 할리 데이비슨 운전자 그룹(HOG)을 만들었고, 오늘날 그 모임에 가입한 팬들은 36만 명에 달한다. HOG의 지부들은 도로 집회를 활발히 개최하며, 그곳에는 티어링크를 비롯한 경영진도 자주 참석한다. 고객들이 말하면 티어링크는 듣는다. 그는 고객들의 제안과 새로운 아이디어를 받아 적기 위해 항상 노트와 펜을 가지고 다닌다.

할리 데이비슨이 계속 발전하는 이유는 티어링크라는 이름의 한 경영자가 향수의 가치를 인식했고 브랜드 이미지 강화를 통해 부를 창출했기 때문이다.

실험 연구와 시장 조사로 승부한 암겐

거대 제약회사인 암겐은 다른 제약회사들과는 아주 중요한 한 가지 차이점을 가지고 있다. 암겐은 실험 연구와 시장 조사를 대단히 강조한다.

그렇다고 암겐의 연구가 단순히 특정 질병에 국한되거나 과학계의 이론에 의존하는 것은 아니다. 그리고 그것은 제약회사가 첨단 과학을 받아들여서 그것을 직접 응용할 줄 알아야 한다는 믿음에서 비롯되었다. 예를 들어 암겐의 예방주사는 면역성의 강화뿐 아니라 암환자가 화학요법의 부작용으로 죽는 일을 방지하는 데도 도움이 된다.

암겐의 이러한 독창성과 전문성 뒤에는 최고 경영자 고든 바인더가 서 있다. 그는 연구소에 대한 투자를 아끼지 않을 뿐 아니라, 약 200개의 대학에 매년 수억 달러의 연구 보조금을 지급하면서 산학 협동 체제를 유지하고 있다. '그 돈은 유익하고 흥미로운 결실을 가져올 것' 이라고 그는 말한다.

그리고 그의 말은 사실로 나타나고 있다. 최근에 록펠러대학의 한 교수는 비만으로 고통받는 사람들의 체중을 감소시킬 수 있는 새로운 유전자를 발견했다. 살을 빼기 위해 매년 300억 달러가 지출되고 있는 다이어트 시장에서 이것은 획기적인 뉴스가 될 수 있다.

암겐이 지난 10년 동안 《포춘》이 집계한 연간 수익률 순위에서 줄곧 1위를 차지한 것은 당연한 일이다. 투자자들은 바로 그러한 처방을 좋아한다.

발상의 전환으로 성공한 챔피언 엔터프라이즈

챔피언 엔터프라이즈의 최고 경영자 월터 영은 죽어가는 기업에 독창적인 경영 방법을 도입함으로써 주택건설 산업을 재창조한 인물로 평가된다. 1990년 그가 취임했을 때 챔피언 엔터프라이즈는 값싼 조립식 주택을 공급하는 것 외에 아무런 목표 없이 표류하고 있었다.

그는 이렇게 회고했다.

"사람들은 우리를 이동 주차 구역을 정비하는 회사로 생각했습니다. 그것은 심각한 인식상의 오류였습니다. 사실 그 책임은 전적으로 우리에게 있었지요."

영은 기회를 포착했다. 그는 스스로 집 지을 형편이 안 되는 수백만의 가정에 즉시 제공할 수 있는 조립식 주택을 선보인다면 열광적인 호응을 얻게 되리라고 확신했다.

그는 이렇게 말했다.

"대부분의 사람들은 집을 지을 동안 꼬박 1년을 기다립니다. 우리는 단 사흘 만에 품질 면에서 똑같고 훨씬 저렴한 주택을 지을 수 있습니다."

그와 동시에 영은 대개 경쟁 관계에 있기 마련인 기존의 개발업자들과 긴밀한 협조를 주고받기 시작했다.

"대부분의 개발업자들은 주택이 완공될 때까지 그 토지를 소유하고 있어야 하기 때문에 자본 비용을 허비하고 있다"는 것이 그의 설명이었다.

얼마 후 고객과 개발업자 모두 좋은 결과를 얻기 시작했고, 그의 사업은 날개를 달기 시작했다. 1990년대 말에 이르자 미국 주택의 거의 30퍼센트가 공장 생산되었고, 영의 목표는 그 숫자를 50퍼센트로 늘리는 것이었다.

기존의 법칙을 무시했던 보스턴 마켓과 스타벅스

어떤 회사들은 시장 창출의 법칙 자체를 바꿈으로써 창조적 결실을 수확하고 있다. 보스턴 마켓과 스타벅스 커피는 패스트푸드 산업의 풍경을 혁명적으로 변화시킨 기업들로 평가된다.

보스턴 마켓은 직접 요리할 시간이 없는 사람들에게 다양한 종류의 가정 요리를 배달하고, 스타벅스는 커피라는 맥빠진 슈퍼마켓 상품을 100여 종의 다양한 제품으로 개발하여 첨단 유행을 중시하는 가게들에 공급하고 있다.

자동차 판매 산업은 현재 카맥스, 오토 바이 텔, 드라이버스 마트, 오토네이션 USA 등과 같은 대형 판매업체들에 의해 엄청난 변화를 겪고 있다. 그들은 기존의 거래망과 비교하여 보다 다양한 브랜드와 모델들을 보다 저렴한 가격으로 만족스럽게 공급할 계획을 세우고 있다. 그러기 위해서 그들은 패스트푸드 레스토랑의 경영 방식을 자동차 마케팅과 유통에 접목시키고 있다.

사업에서는 팀워크가 중요하다. 그러나 훌륭한 팀을 지도하고 이끄는 것은 용감한 지도자이고, 그 지도자를 이끄는 것은 창조적 정신이다.

창조적 정신에 관해 알고 싶다면 신문을 펼쳐보는 것으로 족하다. 오늘 신문에도 인터넷에 빠진 26세의 한 젊은이가 새로운

인터넷 기술과 기상천외한 발명품을 주식 시장에 내놓음으로써
하룻밤 사이에 억만장자 대열에 올라섰다는 이야기가 실려 있을
것이다.

이 세상에서 가장 성공한 사람

이제부터 내가 만나본 사람들 중에 가장 성공적인 인생을 산한 남자에 대해 이야기하고자 한다. 그는 아주 억세고 괴팍한 사람이었지만 동시에 세상에서 가장 친절한 사람이었다.

그는 사냥과 낚시, 그리고 겨울 등산을 좋아했고, 50대 초반까지도 마라톤 대회에 참가했으며, 철인 3종 경기를 두 번 완주했을 뿐 아니라 거기서 대단히 좋은 성적을 거두기도 했다. 대학에서 미식축구를 했던 그는 공격의 길목을 차단해서 상대 선수를 어김없이 쓰러뜨렸던 전미 최고의 선수였다. 해병대에서는 수많은 무공 훈장을 받았고, 그 후에는 대형 금융회사를 운영하는 활동적인 경영자가 되었다.

그는 사업에서도 용감무쌍한 투사에 냉혹한 지휘관이라는 명성을 얻었다. 실제로 그는 한마디의 헛소리도 용납하지 않았고, 자신의 군대가 최고가 되기를 기대했고, 한순간도 손익 결산에 눈을 떼지 않았다. 그는 부하들에게 충성을 요구했고, 반드시 받은 만큼 돌려주었다. 그리고 끊임없이 보다 나은 경영 방법을 추구했고, 비용 절감을 위해 필요하다면 주저없이 가혹한 조처를 취했다. 그와 동시에 그는 혁신의 가치를 믿었고, 주식이 오르거나 회사가 성장하지 않으면 결코 만족하지 않았다.

우리가 처음 만날 무렵 그의 명성은 이미 확고했다. 언론에서는 그를 월 스트리트라는 피의 경기장을 정복한 재능 있고 카리스마적인 검투사로 묘사하고 있었다.

하지만 내 상식으로는 도저히 이해할 수 없는 불가사의한 사람이었다. 그러나 내 앞에 나타난 사람이 부드러운 말씨와 따뜻한 눈빛에 상냥하고 친절한 신사라는 사실을 알았을 때, 나는 그저 놀랄 수밖에 없었다. 그는 잘 웃고 겸손했으며, 스스럼없이 자신의 이야기를 들려주었다. 또한 다른 사람들의 이야기에 흥미를 갖고 귀를 기울이는 훌륭한 태도를 보여주었다.

우리가 서로를 알게 되었을 때 그는 더 많은 것들을 보여주었다. 그는 대단히 관대한 사람이었다. 예를 들어 일상적인 대화를 나누던 중에 나는 우연히 내 가족 중에 한 명이 까다로운 질병으로 고생하고 있다는 이야기를 언급했다. 내 말이 끝나기 무섭게 그는 자신이 이사장으로 있던 뉴욕의 한 대학병원을 이야기하면서 그곳의 모든 장비와 최고의 의사들을 직접 예약해주었다. 그리고 그의 친절함은 거기서 끝나지 않고 그 이후까지 계속되었다.

나는 그가 여러 자선 단체를 위해 사심 없이 봉사하고 있으며, 공공의 이익이나 가난한 사람들을 위해 거액의 돈을 말없이 기부하고 있다는 사실도 알게 되었다. 그는 모교에 도서관을 기증했고, 한 병원에는 별관을, 스포츠 시설이라고는 전무했던 한 빈민 지역의 학교에는 체육관을 지어주었다.

그러나 그 어떤 일에도 그의 이름은 드러나지 않았다. 들리는 바에 의하면 그는 부친이 강도 행위를 벌이던 중에 사망한 한 할 렘가 소년에게 대학 등록금을 준 적도 있었고, 신문에 기사화된 한 불치병 소년에게 디즈니 월드 여행을 시켜준 적도 있었다.

이 모든 일들이 놀라웠지만, 마지막 한 가지 정말로 놀라운 일 이 남아 있었다.

어느 날 우리가 넓게 펼쳐진 잔디밭과 석양이 내려다보이는 테라스에서 맥주를 마시며 이야기를 나누던 중에 그는 가장 놀라 운 비밀을 이야기했다. 나는 그의 친절하고 훌륭한 마음씨와 그의 관대함과 동정심을 알고 있었으나, 그의 심오한 정신 세계는 모르 고 있었다.

그것은 심오했지만 간단했다. 그는 베트남에 있을 때 동양 종 교에 관심을 갖게 되었다고 말했다. 미국으로 돌아온 그는 스리 사이 사탸 바바라는 이름의 인도 승려에 관해 모든 문헌을 찾아 읽었다. 또한 다양한 힌두교 종파를 공부했고, 어느 정도 채식주 의자가 되었고, 요가 수행을 시작했다. 그 덕분에 그는 실제 나이 보다 훨씬 젊게 보였다.

그는 미(Beauty), 봉사(Service), 사랑(Love)을 머릿글자를 축소 해서 BSL, 즉 비즐이라고 불렀다. 비즐을 갖춘 사람은 모든 것을 갖춘 것이라는 것이 그의 말이었다. 그것은 나름대로 훌륭한 생각 이라고 여겨졌지만, 그의 화려하고 열정적인 설교와 전투에서 다 른 인간을 죽인 적이 있는 억센 사람의 이미지와는 어떤 연관성도 느껴지지 않았다.

사랑은 올바른 생각과 올바른 행동을 위해 필요하다고 그는 말했다. 사랑을 가진 사람은 항상 올바른 일을 한다. 봉사는 사랑이 빚어내는 가장 중요한 산물인 동시에 우리로 하여금 노동하게 만드는 유일한 이유이다. 미는 자연의 미나 예술의 미에서 볼 수 있듯이 영혼의 신전이고 사랑과 재생의 집이다. 이 세 가지는 완전한 삶에 꼭 필요한 것들이라고 그는 말했다. 그 당시 나는 내가 들은 말을 도저히 믿을 수 없었다.

마지막으로 나는 용기를 내어 물었다.

"그렇다면 신체적 건강은 어떤 부분을 차지할까요?"

그가 말했다.

"건강이 첫번째 아닌가요?"

비즐을 갖춘 사람이라면 그 다음은 당연히 건강이라는 것이었다.

"그러면 신의 문제는 어떻게 생각하십니까?"

나는 도를 지나친 질문을 하기 시작했다.

"비즐을 갖춘 사람이라면 이미 신을 아는 것이지요."

"야망, 탐욕, 경쟁 등으로 대변되는 경영 세계의 현실과 비즐이 어떻게 조화를 이룰 수 있을까요?"

"충분히 가능한 일입니다. 비즐을 갖춘 사람에게, 야망은 더 큰 이익을 위해 재산을 이용할 수 있는 수단이 되고, 경쟁은 단지 정의를 위한 싸움이 됩니다."

"나쁜 사람에 대항해 싸우는 좋은 사람같이 말인가요?"

"그와 비슷합니다."

우리의 대화는 그런 식으로 한 동안 계속되었다. 결국 나는 그의 말 속에 어떠한 거짓이나 위선도 없음을 알게 되었다. 그의 모든 말은 진심이었고, 나를 충분히 납득시킬 만했다.

내가 이 모든 이야기를 하는 이유는 비즐이 모든 사람에게 올바른 해답이라고 생각해서가 아니라, 비즐이 없었다면 나의 친구는 결코 성공의 진정한 열쇠, 즉 그 자신의 창조적 힘을 발견하지 못했을 것이라는 생각에서이다.

그가 마음의 문을 열 수 있었던 것은 비즐을 통해 헌신적이고 긍정적인 삶의 방법을 발견했기 때문이었다. 그 문이 열리는 순간 그의 마음에서는 혁신적인 정신과 상상력이 쏟아져 나왔다. 그로 인해 그는 일종의 깨달음을 경험했고, 그 자신의 운명을 지배하게 되었고, 그의 시야에 포착된 타인들의 삶에 결정적인 변화를 가져올 수 있었다.

후에 나는 그가 어렸을 때부터 남달리 조숙했다는 사실을 알게 되었다.

그는 이렇게 회고했다.

"어렸을 때 나는 공허함과 좌절을 느끼기 시작했습니다. 그것이 무엇인지는 몰랐지만 결코 좋다고 느껴지는 것은 아니었습니다. 청소년 시절에 나는 위대한 철학자들을 읽기 시작했고, 세계의 여러 종교들을 공부하기 시작했습니다. 어떤 것도 신기하거나 두렵다고 느껴지지 않았습니다.

그런 다음 나는 해병대에 입대했습니다. 귀국했을 때 나는 여러 측면에서 다른 사람으로 변해 있었습니다. 대학에서 경제학을 전공했습니다만, 역사를 읽을 때에는 밤이 새는 줄 몰랐습니다."

나란히 심어진 나무 뒤로 지고 있는 저녁놀 속에서 그의 모습은 매우 평화로워 보였다. 나는 듣지 말아야 될 이야기를 엿들은 사람처럼 다소 당황스럽기도 했으나, 한편으로는 놀라운 비밀을 공유하게 된 특권에 우쭐한 느낌도 지울 수 없었다. 그리고 이 사람이 바로 냉혹한 재벌이자 막강한 주식 중개인이라고 소문이 자자했던 그 주인공인가 하는 의심을 떨칠 수 없었다.

결국 그는 베트남 이야기를 시작했다. 그의 목소리에는 극도의 공포가 베어 있었다. 두 번의 부상을 당한 후 전쟁에 대한 비탄과 혐오감을 안고 귀국했을 때, 그에게 돌아온 것은 사회적인 냉대와 일반인들의 분노, 그리고 빠르게 변화하는 세상뿐이었다. 그러나 그는 어떤 것에도 흔들리지 않았다.

"나는 계속 앞만 보고 걸었습니다. 절대로 뒤를 돌아보지 않았습니다. 나에게 베트남전은 이미 끝난 일이었습니다."

나는 베트남 전쟁이 그에게 육체적 부상이 아닌 마음의 상처를 주지는 않았는지 못내 궁금했으나, 설령 그렇더라도 대답하지 않을 것이라는 생각에 입을 다물고 말았다.

2년 후 그는 월 스트리트의 한 기업이 개최한 경영자 교육 프로그램에서 경영대학원 과정을 마쳤고, 마침내 자수성가하여 오늘에 이르렀다.

"비즐이 없으면 자기 자신을 알 수 없습니다. 그리고 자기 자신을 알지 못하면 다른 사람을 돕기가 어려워집니다."

그는 이렇게 말한 다음 잠시 생각하다가 다음과 같은 말을 덧붙였다.

"내 말의 의미는, 만약 사랑하는 마음을 가질 줄 알고 그 사랑을 봉사와 실천에 쓸 줄 안다면, 그는 세상에 필요한 사람이 될 수 있다는 것이지요.

이 세상에 쓸모가 없는 사람, 가령 어떤 것을 발전시키거나 새로운 것을 창조하지 못하는 사람은 그 어느 것에도 봉사하지 못하는 사람입니다. 이 세상에 봉사하고 기여하지 못한다면, 이곳에 태어난 목적을 달성하지 못하는 사람이라 하겠지요."

"그렇다면 우리가 이곳에 태어난 목적은 무엇일까요?"

"우리는 다른 사람들을 돕기 위해 태어났습니다. 그것이 유일하고도 완전한 목적입니다."

저녁 해가 완전히 모습을 감췄을 때 우리가 앉아 있던 테라스는 이미 모기와 반딧불에게 점령당한 상태였다. 그러나 그의 말을 경청한 덕분에 나는 더욱 현명해져 있었다. 나는 또한 다소 부끄러운 느낌이 들었다. 나는 결코 그가 말하는 이상적인 인간이 될 수 없다는 생각에서였다.

그것이 우리가 진지하게 나누었던 마지막 대화였고, 그가 나에게 솔직한 모습을 보인 유일한 기회였다. 우리는 이따금씩 만나곤 했으나, 나는 결코 비즐을 잊지 못했다.

그리고 어느 날 나는 그가 헬리콥터 사고로 사망했다는 매우 충격적인 소식을 들었다. 내 마음은 그날 오후의 테라스로 달려갔다. 그곳에 가면 저녁놀 속에서 맥주를 마시면서, 다소 낯선 사람인 나에게 성공의 비밀과 비즐에 관한 이야기를 들려주던 그의 모습을 다시 볼 수 있을 것만 같았다.

비즐은 모든 사람에게 효과가 있는가?

만약 그것이 검투사이자 철학자인 나의 친구에게 효과가 있었다면, 다른 모든 사람에게도 효과가 있을 것이다. 미와 사랑과 봉사를 충분히 수용한다면, 그것은 우리의 창조적 엔진에 불을 붙여서 우리에게 힘과 새로운 삶과 표현의 자유를 줄 수 있지 않겠는가?

우리는 각자 그 답을 찾아야 한다.

내면의 목소리에 귀기울여라

본능적 충동과 번뜩이는 직관에 귀를 기울이면서 마음을 따라가는 것이 더 나은가, 아니면 보다 냉정하고 차분한 논리와 이성의 목소리를 따르는 것이 더 나은가?

철학자 로버트 쿠퍼는 감성 지수 혹은 EQ라고 명명된 흥미로운 개념을 제시했다. EQ 개념에 따르면, 선천적 직관과 느낌에 의존하는 사람들이 사업에서 성공할 확률이 더 높다고 한다.

예를 들어, 만약 기업의 소유주가 EQ에 기초하여 투자자들을 설득하면 그들의 모습은 더 '성실하고 정열적으로' 보이고, 그 결과 '차분하게 대차대조표를 설명하는 것보다' 더 높은 점수를 얻는다는 것이 그의 설명이다.

그리고 감정은 창조성과 불가분의 관계가 있다는 주장도 가능하다. 사실 감정이 배제된 창조는 언젠가는 결국 사라지고 마는 차갑고 수동적인 행위에 불과하다.

만약 창조성과 정열의 결합이 유익함을 창출하는 강력한 힘이라는 데 동의한다면, 우리는 사업장과 시장에 대한 전통적인 접근 방법을 진지하게 검토해야 한다.

쿠퍼는 지도자의 EQ가 궁극적으로 그 기업의 성패를 결정한다고 말한다. 그리고 보수주의자들이 주장하는 기존의 낡은 기준을 새로운 기준으로 전환할 때 창조적이고 성공적인 삶을 살 수 있다고 말한다.

- 보수주의자는 감정이 혼란스럽게 만든다고 말한다.
- 성공한 사람은 감정이 의욕을 자극한다고 말한다.

- 보수주의자는 감정이 나약함을 증대시킨다고 말한다.
- 성공한 사람은 감정이 자신감을 증대시킨다고 말한다.

- 보수주의자는 감정이 판단을 흐리게 한다고 말한다.
- 성공한 사람은 감정이 분석을 촉진시킨다고 말한다.

- 보수주의자는 감정이 통제의 대상이라고 말한다.
- 성공한 사람은 감정이 신뢰를 구축한다고 말한다.

- 보수주의자는 감정이 정보의 흐름을 차단한다고 말한다.
- 성공한 사람은 감정이 활기찬 정보 교류를 제공한다고 말한다.

정열 그 자체는 성공을 보장해주지 못한다. 그러나 우리가 본능의 목소리에 귀를 기울이면 그것은 우리의 창조성에 새로운 불꽃을 더해준다.

한때 나는 단기간에 백만장자가 될 수 있다는 약속에 현혹된 투기꾼 무리에 속한 적이 있었다. 그 사기극의 내용은 이렇다.

예전에 내가 일했던 어느 중소 기업의 전직원들은 호주에 새로 창업한 어느 광산 회사에 그들의 전재산을 투자하고 있었다. 호주의 유력한 개인 투자자와 영국의 유명한 억만장자가 그 사업에 자금을 출자하고 있다는 것이 그들의 주장이었다.

사람들은 그 회사가 주식을 공개하기 전에 내가 이 놀라운 기회를 잡지 않으면 나중에 땅을 치고 후회할 것이라고 말했다. 그들은 흥미있게 귀를 기울이는 나에게 금, 다이아몬드, 에메랄드, 오팔, 루비 등등을 들먹이며 상상할 수도 없는 미지의 보물들을 쉴새 없이 늘어놓았다.

나는 솔로몬의 광산에서 전설의 보물들이 실려나오는 광경을 상상할 수 있었다. 그리고 양동이에 담긴 황금과 빛나는 보석들이 점점 더 빠른 속도로 땅 속에서 튀어오르는 모습과, 그것이 돈으로 변하면서 무지개처럼 하늘로 솟구치는 장면을 상상할 수 있었다.

그 모임의 사람들은 진정으로 나를 도와주고 싶어하는 것처럼 보였다. 그들이 일생일대의 이번 기회가 얼마나 중요한지, 얼마나 큰 수익이 돌아올 것인지, 그 회사의 성장과 영업 이익은 얼마나 확실한지 등등을 설명하는 동안 내 가슴은 흥분되어 터질 것만 같았다. 내가 할 일은 가진 돈 전부를 그 사업에 털어넣는 것뿐이었다. 나는 백만장자가 되어 조기 은퇴할 꿈을 꾸었다.

진지한 투자자들도 그 사업의 전망을 밝게 보았다. 호주는 미개발 광산과 감춰진 보물이 가득한 곳이었다. 광물에 대한 세계적 수요는 폭증하고 있었다. 그리고 우리는 엄청난 부자가 되어 고된 노동으로부터 영원히 해방될 수 있는 황금 같은 기회를 잡았으니 이 얼마나 큰 행운인가? 리오데자네이로, 타히티, 모나코, 지중해의 그림 같은 경치들이 내 머릿속에서 춤을 추기 시작했다.

바로 그때 내 귀에는 마음에서 울리는 작은 목소리가 분명히 들렸던 것 같다. 물론 언제 어떤 목소리를 들었는지는 기억이 정확하지 않다. 그러나 나 자신에게 두 가지 질문을 던졌던 기억만은 분명하다. 첫째, 그 광산에는 갱도가 나 있는가? 둘째, 만약 그렇다면 채광한 광물들을 시장으로 옮길 도로나 철도는 있는가?

그렇게 간단한 질문들이 때로는 꽉 막힌 것처럼 전혀 떠오르지 않는다는 것은 참으로 신기한 일이다. 첫번째 질문의 답은 '모른다' 혹은 '확실치 않다' 였다. 두번째 질문의 답은 마음을 비우고 생각할수록 더욱 '모르겠다' 는 쪽으로 기울었다.

나는 다시 한번 생각해보았다. 모른다? 그 광산에 실제로 갱도가 있는지 없는지 모른다? 도로나 철도가 있는지 모른다? 그런 것도 모르고 이 사람들에게 가진 돈 전부를 맡겨도 되는가?

알 수 없다. 그들은 사업 계획서를 읽었다고 말했으며 가능성이 충분하다고 말했다.

몇몇 사람들은 불안한 모습을 보이기도 했다.

100퍼센트 성공을 장담하던 계약은, 사실이기에는 너무 달콤한 이야기였다. 그리고 그것은 물론 달콤한 환상이었다. 어떤 이유 때문이었는지는 정확히 기억나지 않지만, 그 사업은 실패로 돌아갔고 내 친구들은 모든 돈을 날렸다.

그 광산에는 갱도가 없었다.

도로나 철도도 없었다.

몇 명의 사기꾼들이 돈을 챙겨 달아났고, 내 친구들은(그중에는 투자전문가와 증권분석가 한 명이 포함되어 있다) 당황과 분노, 그리고 심한 좌절과 모욕감을 느껴야 했다.

한편 나는 정말로 운이 좋다고 느꼈다. 이번 경우에 나를 도와준 행운의 원천은 명석한 두뇌가 아니었다. 나는 현명한 판단을 내릴 만큼 광산 투자에 대해 충분한 지식을 갖고 있지 않았다. 그리고 사실은 그런 곳에 투자할 돈도 없었다.

나를 도와준 행운의 원천은 내면의 목소리였다. 그리고 우리가 여기서 기억해야 할 것은 가장 어리석은 질문이 가장 똑똑한 질문이 될 수 있다는 것과 어떤 일이든 신중한 마음으로 귀를 기울이면 중대한 결정의 순간에 필요한 질문이 떠오른다는 것이다.

창조성에도 어두운 측면이 있다. 그것은 탐욕, 지나친 갈망, 분노, 이기심 등 나쁜 마음이 우리를 자극할 수 있으며 우리의 재능과 나약함을 시험할 수 있다는 사실이다.

따라서 우리는 호주머니를 열기 전에 문제를 파고 들어가서 상대방의 주장에 허점이 있는지를 확인해야 한다. 그리고 그때에는 다음과 같은 질문들을 검토해야 한다.

첫째, 이 제안에는 어떤 결점이 있는가?

둘째, 이 제안은 실질적인 내용을 담고 있는가?

여러분이 내면의 목소리에 귀를 기울인다면 날아오는 총탄을 피할 수 있을 것이고 머리에 구멍이 나는 일도 피할 수 있을 것이다.

돈을 끌어오는 생각의 법칙

"**나는** 돈버는 방법을 모르겠어요. 어떻게 돈을 벌어야 하는지 아무리 생각해도 모르겠더라구요. 그냥 하던 일만 계속하고 있는데…… 돈을 벌고 있지는 못해요."

나는 이 짧막하지만 뼈에 사무치는 한탄을 뉴욕의 어느 번잡한 거리에서 우연히 들었다. 전문 직장인처럼 보이는 젊은 여성이 동행하던 남자에게 심각한 고민거리를 털어놓고 있었다. 그러나 비즈니스 정장 차림의 그 남성은 귀담아듣는 것 같지도 않았고 특별히 동정하는 눈치도 아니었다.

그들은 횡단보도의 파란색 신호등이 켜지자 길을 건너기 시작했고, 잠시 후 군중 속에 전혀 보이지 않게 되었다. 그러나 나는 그 여자의 말을 한참 동안 잊지 못하고 마음속에 떠오르는 몇 가지 의문을 곰곰이 짚어보았다. 얼마나 많은 사람들이 살아가는 동안 교차로에서 서로 만나고, 크고 작은 삶의 조건들을 따져보다가, 자신이 교차로에 서 있다는 사실조차 인식하지 못한 채 길을 떠나는 것일까?

목표를 정하고 그것을 현실로 만들어라

그 젊은 여자의 경우에 문제는 돈이었다. 그러나 보다 자세히 살펴보면 그것은 지위나 성공, 혹은 사랑이나 명성일 수도 있고, 어떤 것에 대한 갈망, 보다 구체적으로는 자신의 운명을 바꿔보려는 욕망, 더 많은 것을 소유하려는 욕망, 더 잘 살고 더 많이 일하고 더 높은 자리에 오르려는 욕망, 성공해서 유명한 사람이 되고 싶은 욕망일 수도 있었다.

아주 짧은 순간, 나는 그녀의 귀에 대고 한마디를 속삭여주고 싶었다. 그것은 바로 '목표'라는 말이었다. 목표를 정하라.

원하는 것이 있는가? 일할 목표를, 살아갈 목표를 정하라. 그런 다음 그 꿈을 현실로 만들어라. 원하는 것이 현실로 나타날 때까지 실천하라. 목표를 향해 전진하라.

나는 이렇게 말하고 싶었다.

"돈을 원하십니까? 그렇다면 이제부터는 새로운 방식으로 생각해보세요. 그리고 새로운 방식으로 행동해야 합니다. 인생은 짧지만 이 세상은 기회로 가득합니다."

아마도 우리는 힘껏 뛰어올라 멀리 비행해야 할 것이다. 더 높이 더 멀리 뛰세요. 나는 그렇게 말하고 싶었다. 일을 해도 성과가 없습니까? 더 높이 더 멀리 뛰세요. 하루 일과가 지루하고 따분하십니까? 더 높이 더 멀리 뛰세요. 답답하고 불만스러우십니까? 더 높이 더 멀리 뛰세요. 하던 일을 그만두세요. 일상 생활을 뒤엎어 보세요. 삶을 바꿔보세요. 나는 그녀를 쫓아가, 억지로 사는 삶이라면 그것은 살아 있는 게 아니라고 말하고 싶었다.

내가 정말 원하는 것을 찾아라

만약 스스로의 삶을 지배하고 싶다면 먼저 내가 무엇을 원하는지를 알아야 한다. 일단 자신이 원하는 것을 알 때 우리는 그곳으로 가기만 하면 된다. 그러나 우리는 창조성을 경험하는 데 필요한 위험을 두려워하지 말아야 한다. 창조적 경험은 선천적인 생존 욕구에서 비롯되는 동시에, 때로는 잔인한 운명의 바람을 지배하려는 욕구에서 비롯되는 것이기 때문이다.

결국 창조성은 모든 현실을 털어버린 채 탁 터놓고 즐겁게 살아가기 위한 의지의 소산이다. 인간의 역사에 위대한 사업가로 기록된 풍운아들은 행운과 불행을 번갈아 경험하면서도 결국에는 항상 정상에 우뚝 선 인물들이다. 그리고 그들이 바로 위와 같은 사람들이다.

따라서 중요한 것은 더 높이 더 멀리 뛰는 것이다. 현상태는 잊어라. 더 높고 먼 곳을 보라. 그곳으로 가기 위한 새로운 방법을 찾아라. 나는 그 젊은 여자에게 이렇게 말하고 싶었다. 우리의 발이 현실에 달라붙어 있다면 우리는 어디에도 갈 수 없다. 그렇기 때문에 우리에게는 화살을 날릴 표적이, 돈을 벌 새로운 방법이 필요하다.

우리의 발이 현실에 달라붙어 있는지 어떻게 알 수 있는가?

다음의 항목들을 잘 읽어보라.

- 일이 더 이상 재미가 없다.
- 아침에 일어나기가 힘들다.
- 낮시간이 지루하다.
- 시계를 자주 본다.
- 거의 항상 불만스러운 기분이다.
- 수면 시간이 너무 적거나 너무 많다.
- 진정으로 열망하는 것이 무엇인지 모르겠다.
- 어떤 것도 더 이상 자극을 주지 못한다.

우리가 우리 자신의 직장 생활에 이 간단한 테스트를 적용시켜서 그 증상을 확인해볼 수 있다면, 결과에 상관없이 그때가 바로 변화를 경험하는 휴식 시간이 될 수 있다.

카디널 헬스의 최고 경영자 밥 월터는 답답한 상자에서 뛰쳐나와 성공의 정상에 오른 인물이었다. 대학을 졸업한 후 그는 로크웰 인터내셔널에 취직했다. 그러나 그곳에서 마주친 관료제의 벽이 너무 답답했기 때문에 그는 단 6개월 만에 사표를 던졌다.

그런 다음 그는 하버드 경영대학원에 들어갔고, 소규모 제약도매상들을 매입하기 시작했다. 그리고 반세기가 지난 후 그는 110억 달러의 판매고에 2억 달러의 자산가치를 지닌, 그리고 지금도 계속 성장하고 있는 회사의 최고 경영자가 되었다.

《내셔널 인콰이어러》의 전 소유주인 G. 포프는 MIT 공과대학의 에어컨디셔닝 학과를 졸업했다. 대학을 졸업한 직후 그는 에어

컨디셔닝이 자신의 적성에 맞지 않는다는 사실을 곧 깨달았다. 그
러던 어느 날 그는 뉴욕 거리에서 한 무리의 사람들이 입을 딱 벌
리고 자동차 사고를 구경하는 장면을 목격했다. 바로 그때 강렬한
영감이 그의 머리를 스쳤다. 포프는 이제 새로운 변화를 실행할
때가 되었다고 판단했다. 만약 사람들이 사고를 보고 싶어한다면
그들에게 사고를 보여주지 못할 이유가 없었다.

그래서 그는 적당한 신문사를 물색하기 시작했고, 마침내 별
볼일없는 경마 전문지 《인콰이어러》를 2만 5000달러에 매입한 다
음 그 이름을 《내셔널 인콰이어러》로 변경했다. 사람들이 그렇게
끔찍한 장면을 참고 볼 수 있다는 사실을 확인한 포프는 하던 일
을 깨끗이 정리하고 《내셔널 인콰이어러》를 슈퍼마켓의 가정용
출판물로 판매하기 시작했다. 1988년 그가 사망할 당시 포프의 2
만 5000달러짜리 신문사는 6억 달러에 매각되었다.

운명조차도 최고의 행운으로 만들어라

세상에 알려지지 않은 위대한 성공 가운데 어떤 것들은 대단히 극
적인 변화에 의해 시작된다. 그리고 그러한 변화가 잔인한 운명의
작용일 때도 있다.

가령 유명한 운동선수가 자동차 사고로 다리를 잃은 후 전국
순회 강연을 하면서 어려운 사람들에게 힘을 준다든지, 심한 천식
으로 항상 실내에서 책만 읽으면서 어린 시절을 고통스럽게 보낸
아이가 훌륭한 작가로 성장해서 퓰리처 상을 받는다든지, 친구들
로부터 따돌림을 받던 소심한 아이가 영화라는 은밀한 세계 속에

서 행복과 환상을 발견하여 결국 세계적으로 유명한 제작자 겸 감독이 된 이야기라든지, 어느 회사의 말단직에서 해고당한 사람이 수백만 혹은 수천만 달러의 기업을 운영하는 사업가로 변신해서 자신을 해고했던 그 회사를 당당히 매입하는 등의 사연도 있다.

대부분의 희생자들은 자신의 비극적 경험이 '나에게 일어난 최고의 사건'이었다고 입을 모은다. 그것은 가혹한 변화의 힘이 오히려 우리의 삶에 좋은 영향을 미친다는 것을 보여주는 강력한 증거이다.

지금 우리는 외부에서 가해지는 망치의 충격처럼 우리에게 고통스럽게 강요되는 특별한 변화에 대해 이야기하고 있다. 인생의 어느 지점에서 우리는 자신도 모르게 진정한 자아나 최대의 잠재력, 혹은 자신의 운명에 맞닥뜨릴 때가 있다. 바로 그때 우리의 가슴에서는 깊이 잠들었던 우리의 삶을 일깨우는 자명종이 울린다. 그것은 마치 정수리를 겨냥한 권총처럼 우리의 주의력을 강하게 환기시킨다.

초인적인 심장을 가진 헐리우드의 '슈퍼맨' 크리스토퍼 리브는, 자신의 매력적인 삶이 갑자기 끝나고 전신마비 환자로서의 새 삶이 시작되는 것을 침대 위에서 묵묵히 받아들여야 했다. 그는 목 아래 부분이 마비되었고, 호흡 장치의 도움을 받아야 했으며, 아마도 평생 휠체어를 벗어나지 못할 신세가 되었다.

그러나 그는 새로운 삶에 적응하기 시작했다. 새로운 현실을 당당히 받아들인 그는 의학 연구를 지원하기 위한 로비 활동에 앞장섰고, 그와 비슷한 장애로 고통받는 수많은 사람들에게 영감을 주는 동시에 그들의 관심을 하나로 모으는 자석과도 같은 역할을 했다. 한 텔레비전 인터뷰에서 그는 자신에게 닥친 사고로 인해 그가 자신의 인생에서 가장 의미 있는 역할을 수행하게 되었다고 인정했다.

바로 그런 이유로 나는 뉴욕의 길거리에서 만난 그 젊은 여성에게 다음과 같이 말해주고 싶었다.

"운명이 당신을 발견하기 전에 당신이 자신의 운명을 먼저 발견하시오. 당신의 목표는 돈입니까? 당신이 자신의 창조적 잠재력 속으로 뛰어들어갈 때 돈은 당연한 보상으로 주어질 것입니다. 자, 그곳으로 가시오."

낮게 나는 새는 멀리 갈 수 없다. 이제 자리를 박차고 일어나서 더 높이 더 멀리 도약할 때이다.

그 길거리에서 아주 짧은 순간 동안 나는 엉뚱한 상상을 해봤다. 나는 그 젊은 여성이 밤하늘에 커다란 낚시바늘을 던지는 상상을 했다. 그 바늘은 어느 빛나는 별이나 혜성에 걸린다. 그 순간 그녀는 지금까지 걸어왔던 길을 과감히 버리고 밤하늘을 자유롭게 비행하기 시작한다.

아주 높이, 아주 멀리.

다시 한번은 없다

사업에서 창조성은 마음의 자세이다. 창조성은 사무실에서 가정으로 가정에서 거리로 그리고 다시 사무실로 끊임없이 순환을 반복한다. 창조성은 노동과 유희 속에서 혁신과 변화를 실현하고자 하는 인간의 본성이자, 그 본성에 대한 부단한 인식이다.

창조성은 개인과 함께 태어나지만, 집단에 뿌리를 내려서 기쁨으로 표현되고 웃음처럼 전염된다.

어떤 조직에서든 창조성이 해방되면 생산성은 새로운 차원으로 수직상승한다.

나는 어느 훌륭한 체조선수의 이야기를 읽은 적이 있다. 그의 코치는 매우 엄격한 사람이었고 선불교의 대가이기도 했다. 어느 날 연습하던 중에 그 어린 체조선수는 연습하던 동작을 완벽히 소화해냈다. 코치가 지켜보는 가운데 그 소년은 링과 평행봉에서 흠잡을 데 없는 연기를 해냈고, 비틀기와 회전 동작을 결합한 그림

같은 착지로 마무리를 장식했다.

그는 거칠게 숨을 몰아쉬었다. 그리고 마침내 최고 연기를 해냈다는 기쁨과 자랑스러움에 그의 얼굴은 밝게 빛나고 있었다. 그는 당연히 코치의 칭찬이 그를 기다리고 있을 것이라고 기대했다.

그러나 코치는 그 어린 학생을 냉담하게 맞이했다.

"연기는 좋았다. 그러나……."

그러나 뭐가 어떻다는 말인가? 소년은 궁금했다.

"너는 결국 필요한 기술을 모두 숙달했다. 하지만 아직도 챔피언이 되기에는 부족하다."

소년은 크게 실망했다. 그밖의 무엇이 필요한지 궁금했다.

소년의 스승은 다음과 같이 설명했다. 소년의 재능은 연기하는 동안 눈부시게 발휘되었다. 그러나 그는 연기할 때와 똑같은 집중력과 자질을, 연기와 연기 '사이에서' 발휘하지 못했다. 연기하는 시간은 아주 짧다. 오히려 그 사이의 시간이 대부분을 차지한다. 소년은 평행봉과 링 위를 날아다니는 동안 고도의 정신력, 절제된 동작, 고난도 연기에 대한 열정, 극도의 예술성 등을 유감없이 과시했으나, 그의 발이 바닥에 붙어 있는 긴 시간 동안에는 그러한 요소들을 잊었던 것이다.

우수한 자질은 바로 그 시간에 평가된다는 것이 코치의 말이었다. 단지 한순간에만 최고가 되는 것으로는 부족하다. 진정한 챔피언, 진정한 지도자, 진정한 예술가는 항상 최고의 상태를 유지한다.

미식축구 리그의 전설적인 감독 빈스 롬바르디는 챔피언이라는 직업이 결코 시간제 근무가 아님을 누구보다 잘 이해한 사람이었다. 그는 언제 어디서든지 승리의 교훈을 전파했다.

"그것은 희생과 대가가 뒤따르는 일입니다. 승리는 한순간의 일이 아니라, 항상 잘 해야 하는 것입니다. 한때 잘하는 것으로는 승리했다고 할 수 없지요. 한때 잘 하는 것은 정말로 잘 하는 것이 아닙니다. 항상 잘 하는 것이 중요합니다."

롬바르디는 종종 다음과 같이 말했다.

"미식축구 팀을 운영하는 것은 군대나 정당 혹은 기업 같은 여타의 조직을 운영하는 것과 다를 바가 없습니다. 원칙은 똑같습니다. 어느 조직이건 목표는 승리하는 것입니다."

롬바르디에게 개인적 성취감을 획득하는 도구, 즉 삶의 의미를 성취하는 열쇠는 바로 완전한 승리였다. 그의 창조적 천재성은 타인에게 동기와 의욕과 영감을 불러일으키는 재능으로 표출되었다. 그리고 그러한 지도방식은 오늘날에도 수많은 사업가들에게 행동 모델이 되고 있다.

또 한 명의 위대한 지도자 루스벨트 대통령의 경우에, 삶의 의미는 투쟁에서 비롯되는 것이었다. 루스벨트의 창조적 불꽃은 투쟁이라는 강렬한 방식으로 표출되었다. 그에게 투쟁은 모든 것이었다. 그의 모습을 상상해보자. 유세 열차의 맨 뒷칸에 선 그가 하늘을 향해 두 주먹을 흔들면서 그 유명한 연설을 하고 있다. 연설의 내용은 거친 삶에 대한 찬양이다. 그는 마법에 홀린 군중들을 향해 이렇게 외친다.

"경기장에서 사투를 벌이는 자에게 명예가 있을지어다. 땀과 피로 얼룩진 얼굴로 용맹스럽게 분투하는 자, 실수하고 쓰러져도 다시 일어서는 자, 위대한 열정과 위대한 헌신의 힘을 아는 자, 가치 있는 목적에 그 자신을 아낌없이 내던지는 자, 성공했을 때 승리의 기쁨을 알고, 패배했을 때에도 그 자리에 쓰러지지 않고 다시 용기를 내는 자, 승리도 패배도 모르는 차갑고 소심한 겁쟁이가 절대로 되지 않는 자, 그런 자에게 영광이 있을지어다."

루스벨트의 창조적 열정에서 흘러나온 강렬한 에너지는, 그를 군인에서 스포츠맨, 작가, 강연자, 해군 장관, 주지사, 그리고 대통령으로까지 이끌었다.

대부분의 사람들은 그렇게 높은 곳까지 비상하는 일을 단지 꿈꾸는 것으로 만족한다. 그러나 보다 솔직히 말해서, 그렇게 위대한 성공에는 관심없는 사람들도 아주 많다. 그들은 성공을 완전히 다른 기준으로 평가한다. 보다 평범한 것에 만족하는 사람들은 대단히 낭만적인 방법으로 삶의 해법을 찾는 것에서 자아 실현을 추구한다.

그러나 그들 중에서도 대다수의 사람들이, 평범한 일상 속에서 발견할 수 있는 그 고요하고도 강력한 즐거움조차도 자신의 것으로 만들지 못한다. 다시 말해 우리들 대부분은 인생의 즐거움이 우리 곁을 지나간 다음에야 그 사실을 깨닫는다. 다음의 감동적인 글은 《인도주의적 심리학 저널》에 소개된 것으로서, 한 노인이 죽어가는 병상에서 남긴 회고록의 일부이다.

만일 내가 다시 한번 살 수 있다면, 다음번에는 더 많이 실수하려고 노력하리라. 아침마다 체조를 하고 휴식을 즐기리라. 그리고 이번 여행보다 더 미친 듯이 여행하리라. 나는 더 이상 눈앞에 있는 것들에 얽매이지 않으리라. 더 많은 모험을 하고,

더 많은 여행을 하고, 더 많은 산들을 오르고, 더 많은 강들을 헤엄치리라. 강낭콩보다는 아이스크림을 더 많이 먹으리라.

지금까지 나는 체온계와 뜨거운 물과 구강 청정제와 레인 코트와 낙하산이 없으면 아무 데도 가지 못하는 사람이었다. 만일 내가 다시 한번 살 수 있다면, 내가 가진 것을 모두 버리고 가벼운 발걸음으로 길을 나서리라.

이른 봄 어느 날 맨발로 출발하리라. 나는 인생의 환락을 더 많이 즐기고, 결혼반지를 더 많이 받아보고, 더 많은 사람들과 인사하고, 더 많은 꽃을 꺾고, 더 많이 춤을 추리라. 만일 내가 다시 한번 살 수 있다면. 그러나 어쩌랴, 그럴 수 없는 것을.

아마도 이 노인은 그의 삶이 모두 끝났을 때, 너무 늦게 자신을 발견한 것이리라. 그러나 이 책을 읽는 사람들은 아직 늦지 않았다. 창조적 에너지를 분출시키는 좋은 방법은 인생과 일을 하루하루의 모험으로 생각하는 것이다. 새롭고 유쾌한 방법을 받아들인다고 해서 그 즉시 달콤한 결과물을 보장받을 수는 없다.

그러나 그것은 우리를 일으켜 세우고 우리의 삶과 일을 보다 살아 있는 것으로 그리고 보다 재미있는 것으로 만들 수 있다. 그때 우리의 내면에 감춰진 창조적 본성은 깊은 잠에서 깨어나 자유로운 비행을 시작할 것이다.

문화간의 충돌, 제3세계의 정치적 혼란, 통제 불가능한 수준에 근접한 과잉인구, 전세계에 걸쳐 가속화되는 맹목적인 경제개발, 그리고 그밖의 수많은 문제와 혼란을 감안할 때, 21세기의 모습을 정확하게 진단하기는 어렵다. 그러나 수많은 사람들이 과학기술의 성과에 힘입어 새로운 차원의 삶을 누리는 미래를 상상하기는 어렵지 않다.

기업과 가정을 움직이는 컴퓨터, 음성 명령에 반응하는 컴퓨터, 실제로 말하는 컴퓨터, 우리에게 다른 세계를 경험하게 해주는 생생하고 강력한 가상 현실 등 거의 모든 요구에 반응하는 컴퓨터를 생각해보라.

그러나 번쩍거리는 디지털 세상이 펼쳐질 미래의 청사진 앞에서, 의심 많은 사람은 다음과 같은 질문을 던질 것이다.

결국 우리의 삶을 전자와 정보의 세계에 완전히 넘겨주는 것이 과연 현명한 일인가? 우리가 첨단 장비를 비롯한 과학기술의 달콤한 결실에 무한정 빠져들어 갈 때, 그것은 우리의 능력을 극대화시키는 반면 우리에게 소중한 무엇인가를 빼앗아가지는 않을까? 이상하게도 우리는 이 화려한 과학기술의 반대편에 어두운 측면이 숨어 있다는 것을 보지 못하고 있는 것은 아닐까? 결국 그곳에서 마주치게 될 어두운 결과가 과학기술의 혜택을 압도해버리는 것은 아닐까?

단도직입적으로 말해, 아무도 앞으로의 계획을 올바로 세우지 못하고 국지적인 혼란이 계속되는 상황에서, 우리가 사는 이 세상이 갑자기 정지할 위기에 처하거나 핵무기가 우연히 유출되는 일이 발생한다면, 과학적으로 진보된 삶이란 것이 우리에게 무슨 소용이 있겠는가?

호기심이 많은 사람, 오랜 세월을 살면서 균형과 절제의 자연법칙과 인과의 법칙을 알게 된 사람이라면 그러한 문제들을 조금이라도 걱정할 것이다.

가정에 텔레비전을 들이면 사람들은 책읽기를 중단할 것이다. 학생에게 전자계산기를 주면 그는 덧셈과 뺄셈을 하지 않을 것이다. 지구 전체를 컴퓨터화하면, 결국에는 기계들이 육체적 노동과 정신적 노동을 망라하여 한때는 우리가 직접 했던 모든 업무를 대신하게 될 것이다.

기계가 수많은 사람들에게 삶의 해법과 안락한 생활을 제공한다는 것은 좋은 소식이다. 그러나 우리가 더 이상 스스로의 삶에 참여하지 못하고, 육체적으로 나약해지고 정신적으로 게을러진다는 것은 나쁜 소식이다.

우리의 창조적 본성을 흐리게 하는 것은 어떤 것이든 좋은 것이라 할 수 없다.

거의 모든 것이 컴퓨터로 움직이는 기술적으로 고도화된 미래 세계에서, 창조성을 실현하는 사람들은 극소수에 불과할 것이다. 그들은 단지 소프트웨어를 설계하는 사람들, 테크놀러지를 이용해서 제품과 서비스를 개선하는 사람들에 국한될 것이다.

나머지 대다수의 사람들은 우리 자신이 창조한 것들의 노예가 되어 쉴새 없이 자판을 두드리고 스크린만을 응시할 것이다. 대부분의 사람들이 기계에게 모든 일을 맡기고 싶은 유혹을 거부하지 못할 것이다. 갈수록 비대해지는 인터넷과 사이버 공간의 흡인력은 사악한 마법사처럼, 우리 자신이 만든 깊은 잠 속으로 우리를 더 깊이 끌어들일 것이다.

이미 오늘날에도 컴퓨터는 우리를 대신해서 시를 쓰고, 예술을 창조하고, 우리 주변의 건축물과 사회 시설들을 설계하고, 우리가 알아야 한다고 생각했던 모든 정보를 제공하고, 가장 친한 친구를 대신하여 우리와 함께 밤낮을 보내고, 우리와 함께 숨을 쉬고 잠을 잔다.

이 장밋빛 미래를 조금이라도 비스듬히 볼 줄 아는 사람이라면 진실의 절반이 비어 있다는 것을 알게 될 것이다. 그러한 사람은 과학기술이 제공하는 아찔한 즐거움을 잠시 접어두고 다음과 같은 질문을 던질 것이다.

그렇다면 자족과 독립에 대한 인간의 자부심, 자기 가치에 대한 우리의 인식, 우리의 인격과 우리의 정열은 어떻게 되는가? 우리의 진정한 용기, 신이 내려준 창조와 발명의 재능, 우리의 직관과 영혼은 어떻게 되는가?

　그러한 재능과 능력은 우리에게 기본적인 유산으로 주어졌지만, 우리는 그것들을 직접 발굴하지 않았고 심지어는 그 존재를 인식하지도 못했다. 우리는 그 재능과 능력을 항상 소유하고 있었고, 그래서 당연한 것으로 여겼을 뿐이다. 그리고 인생의 소중한 것들이 모두 그렇듯이, 우리는 그것들이 사라지고 나서야 비로소 그리워하기 시작할 것이다.

　조 디마지오는 어디로 갔는가? 또한 모차르트, 피카소, 디즈니, 아인슈타인은 모두 어디로 갔는가? 그들은 디지털이라는 목발 없이도 창조적 삶을 충실히 살다 갔다.

　우리의 창조적 본성 한 가운데에는, 다른 어떤 것도 아닌 바로 우리 자신에게 의존하고자 하는 원초적 욕구가 자리잡고 있다. 신도 인터넷을 축복할 것이다. 그리고 그것은 항상 우리에게 봉사할 것이다. 그러나 신은 또한 인간의 영혼을 축복한다. 우리가 과학 기술의 창조물보다 더 훌륭한 능력을 가질 수 있는 것은 신이 축복한 영혼을 가지고 있기 때문이다.

　진정한 창조성은 침묵과 성찰, 때로는 기도를 요구한다. 핵분열 과정이 시작되고 거대한 폭발이 일어나기 전에, 창조성이 우리 자아의 내면에서 폭발을 일으켜야 한다. 인터넷은 우리에게 풍부한 지식을 주고 윤택한 삶에 기여할 수 있다. 그러나 그것은 결코 우리 자신이 될 수 없고 우리를 대신할 수도 없다. 중요한 것은 이것이다. 어느 순간 우리는 기계의 스위치를 내리고 소나기를 맞으면서 거리를 걸어 보거나, 한적한 숲 속을 오랫동안 걸어볼 필요가 있다.

21세기이다. 빙하기를 맞이한 생물이 변화된 환경에 적응했듯이, 우리는 새롭게 부상하고 있는 경제적 생태계에 적응해서 살아남아야 한다. 이것은 피상적인 유비 관계에 기초한 단순한 비유가 아니다.

10년 남짓한 짧은 기간에 세계 경제는 근본적인 변화를 맞이하고 있으며, 그 변화의 중심에는 20세기 기술 혁명의 최종 주자인 인터넷이 자리잡고 있다. 그리고 인터넷이 만들어내고 있는 거칠고 거대한 환경 변화는 기업이라는 생명체의 사활을 좌우하고 있다.

이러한 환경 변화에 대응하고 적응하기 위한 경영 이론의 한 흐름이 인간관계 경영이다. 산업 경제 시대의 산물인 테일러식 경영론 혹은 과학적 기계적 경영론을 극복하려는 이 이론에서는 새로운 경제적 생태계에서 기업은 무엇보다도 유연성과 창의성을 극대화시켜야 하며, 그러기 위해서는 인간관계론을 도입해야 한다고 주장한다. 그리고 인간관계 경영의 1차적 목표는 생존과 적응을 위한 창조성의 배양이다.

나는 이 책을 처음 접했을 때 요즘 경제경영서 트렌드의 한 귀퉁이를 차지하고 있는 경영자의 리더십에 관한 책 정도로만 생각했다. 그러나 번역이 진행될수록 이 책의 커다란 맥락이 보이기 시작했다. 그리고 이 책에서 주장하는 창의적인 생각, 직관, 그리고 실천이 우리 시대에 얼마나 중요하고 필수적인 것인지를 확신하게 되었다. 결론적으로 말해 이 책은 위에서 언급한 새로운 인간관계 경영론의 기본 요소인 창조적 경영의 의미와 중요성을 풍부한 경험과 예리한 직관으로 포착해서 현장의 언어로 설명하고 있는 것이다.

비전문가의 짧은 소견이지만, 나는 1980년대 초 일본을 중심으로 한 다운사이징(downsizing) 경영론이 실패한 이유는 진정한 창조성이 배제되었기 때문으로 알고 있다. 인간을 부품으로 취급하는 기계적 경영을 탈피하려는 시도는 좋았으나, 그 대안으로서 제시된 구조 개혁은 진정한 자율성과 창조성을 배양하지 못하고 형식적인 차원에 머물렀던 것이다. 그리고 그러한 실패의 경험은, 한 사회의 경제 체제와 그 속에 포함된 산업별·업종별 영역을 각각 크고 작은 하나의 복잡계 혹은 복잡생태계로 보고 기업은 그 속에서 생존을 위해 경쟁과 공생 관계를 모색하는 카오스 경영 이론의 토양이 되었다. 그리고 마침내 카오스 경영 이론에 인간관계 개념을 도입한 인간관계 경영론이 탄생하게 된 것이다.

《부자들의 생각을 훔쳐라》는 바로 이러한 흐름의 중심을 형성하는 매력적인 경영 지침서이다. 그러나 이 책의 진정한 매력은 저자의 날카로운 통찰력과 풍부한 경험을 바탕으로 부와 성공을 원하는 모든 사람들에게 실질적인 자극과 정보를 제공한다는 점이다.

또한 창의성으로 무장한 채 정글과도 같은 경제사회에서 성공한 사람들의 이야기를 흥미진진하게 열거함으로써 부자를 꿈꾸는 사람들뿐 아니라, 하루하루의 생활을 행복하고 알차게 채워가려는 모든 사람에게 구체적인 자극과 영감을 전해준다.

김한영

옮긴이 김한영 1962년 강원 원주 출생. 서울대 미학과를 졸업한 후 서울예술대학에서 문학수업을 받았다. 현재 전문번역가로 활동중이며, 인터넷 번역학교 트랜스쿨에서 번역 강의를 하고 있다. 옮긴 책으로는 《피터 드러커》, 《언어 본능》, 《지금 당장 시작하라》, 《만족》, 《디지털 생물학》, 《사랑을 위한 과학》 등이 있다.

부자들의 생각을 훔쳐라

초판 1쇄 2003년 9월 20일
초판 2쇄 2003년 9월 25일

지은이 그랜빌 투굿
옮긴이 김한영

펴낸이 변동호
기획이사 변동현
출판실장 옥두석
편집 이준호 디자인 0.02%
마케팅 김현중 관리 김효선

펴낸곳 ㈜양문
출판등록 1996년 8월 17일(제1-1975호)
주소 (110-260) 서울시 종로구 가회동 170-12 자미원빌딩 2층
전화 (02)742-2563~2565 팩스 (02)742-2566 이메일 yangmoon@dreamwiz.com

ISBN 89-87203-58-1 03320

잘못된 책은 본사나 구입하신 서점에서 바꾸어 드립니다.